20代からの働き方と覚悟

「本物の社会人」になる条件

Kawakita Yoshinori 川北義則

KKロングセラーズ

はじめに

20代から伸びる人、伸びない人はここが違う

私は人に会うのが大好きである。それも、はじめての人に会うというときのほうがワクワクする。とくに二十代の若い世代の人たちと会い、彼ら、彼女たちの関心事、考え方、恋愛事情、ライフスタイルなどを知ると、こちらも刺激を受けるし、学ぶ点もある。

とはいえ、こちらも長く人間をやってきた。したがって、それなりに「人はどうあるべきか」「どうあってはいけないか」という「律」は持っている。律とは、法律ではないが、己の規律というものだ。その律に照らし合わせて若い社会人を観察してみると「この人は伸びる」と感じさせる人もいれば、思わず首をかしげたくなるような言動や立ち居振る舞いの人間もいる。

「梅檀《せんだん》は双葉《ふたば》より芳し《かんば》」ということわざがある。

梅檀とは、白檀《びゃくだん》という芳香を放つ木のこと。この白檀は発芽したばかりの双葉のころか

ら芳しい香りを放つ。線香の香りにも使用される。そのことから、大成する人物は幼いときから人並み外れて優れたところがある、という意味のたとえに使われる。

人間も白檀に少し似ている。「伸びるな」と感じる人間は、二十代から「何か」が違う。その何かも、いろいろあるが、まず「人好きなこと」「好奇心が強いこと」「めげないこと」などである。

人好きは大切なポイントだ。昨今、若者に内向的な人間が増えたといわれるが、これは困ったことである。他人とつきあうことに対して後ろ向きの人間は大成しない。そして、人と友好的に交わるためには、謙虚さ、ひたむきさ、打たれ強さも必要だ。さらにスピーディな行動力もいる。

また忘れてならないのは、ありきたりのようだが礼儀作法だ。不躾《ぶしつけ》で他人を不快にする人間は、いい人間関係を広げることはできない。これも大切である。

人間は白檀ではない。白檀の芳香は生まれついてのものだが、人間は自身で伸びることができる。人間が伸びていくためには、社内外を問わず、さまざまな人と接することである。学ぶことはたくさんあるはずだ。

あらゆることに好奇心を持って、何事にも、見たり、聞いたり、試したりで経験を積む。

そして、さまざまな困難にぶつかっても、めげずに前に進んでほしい。

はじめて社会に出れば、いろいろな障害にぶつかるだろう。上司や同僚、あるいは取引関係でも、イヤなことや腹が立つこともあるはず。それを乗り越えてこそ、人間として成長があるのだ。

私はいつも会社勤めを始めたら、どんなことがあっても三年間は我慢しなさいといっている。「石の上にも三年」ということわざもあるではないか。

本書は、これから飛躍する二十代のために、どういう習慣を身につけるべきかを私の経験やエピソードを交えて述べたものである。読者の一助となれば、望外の喜びである。

川北義則

二〇一五年　初春

目次

第3章 20代から何事にも前向きな人が伸びる

第4章 20代から 人間関係で、伸びる人、伸びない人

第5章 20代から 伸びていくために、忘れてはならないこと

contents

カバー&本文デザイン　片岡忠彦

第1章

20代から仕事で伸びる人間がしていること

最低三年はがんばれ！

二十代の社員はみんな「大部屋」である

「最低三年間は、入社した会社でがんばってみること」

「まえがき」でも述べたが、はじめて社会に出た人間に対して、つねに私はそう言いつづけてきた。その考えはいまも変わらない。新人やキャリアの浅い若手のほとんどは、自分の仕事の場で大きな戸惑いや不安、そして不満を感じる。だが、それは当然のこと。何しろ、いままで生きてきたことのない場所だからだ。

違うのは場所だけではない。役割や扱いがまるで違う。

とくに優れた才能や技術の持ち主なら別だが、新入社員やそれに準じる経験三年未満の社員に対して、ふつうの会社なら、そう大きな成果など期待はしていない。なかには、たぐいまれな才能を発揮して、上役を驚かすような働きをする人間もいるかもしれないが、そんな例は、会社にとっては「想定外の幸運」であって、はじめから計算しているわけではない。

会社にしてみれば、三年くらいかけて、ミスをしない上質の歯車になってくれればまずは及第点なのだ。

「意気込みは認めますが、とにかく自分の足元を固めるところから始めてほしい。社会人として、出版人としての基本を身につけることが先決です。ドライバーできちんとストレートボールを打つことのできない人が、ドローボールやフェードボールは打てないでしょう」

ある雑誌の編集長がいう。ドローボールとは、ゴルフでゆっくりと左にカーブする弾道、フェードボールとは逆に右に曲がっていく弾道のボール。上級者はゴルフコースの地形やピン位置を考えて、打ち分ける技術を持っている。プロのトーナメントなどをテレビで観戦していればわかるだろう。

基本ができていなければ高等技術は身につかないということを、その編集長は好きなゴルフにたとえて表現する。

「まっすぐなボールもまともに打てない同伴プレーヤーに、ドローだ、フェードだと試されたらどうなります？　その人間の打ったボールは右に、左に大きく曲がり、トラブルシヨットになる。下手をすれば空振り、池ポチャ、OB。そうなれば、一緒に回っているプレーヤーの調子もおかしくなる。時間もかかるし、迷惑このうえない。遊びでも不愉快です」

同感である。ましてや、遊びのゴルフではなく、仕事でそれをやられては大問題だ。問題どころか周囲が大いに迷惑する。

私自身、メールアドレスを公開し、ブログも開設している。そこには読者からの相談も数多く寄せられる。説明不足などで答えようのないものを除いては、なるべく返信するようにしているのだが、ちょっと首をかしげたくなるような相談も寄せられる。

「自分は一流大学を卒業して、頭もいいし、仕事もできる。にもかかわらず、会社の命運を左右するようなプロジェクトチームからは外され、ルーティンワークのような簡単な仕事しかさせてもらえない。好きな仕事ができるものと思っていたが失望した。会社を辞めようと思っている。どうすればいいか教えてほしい」

要約すると、そんな内容のメールだ。ある電子機器メーカーに入社して二年目の男性からの相談である。理系学部の修士課程を修了したとある。

私は、おおよそ以下のような内容のメールを送った。

●大学はお金を払って学ぶところ
●会社はお金をもらって働くところ
●お金を払う立場ともらう立場の真逆を考えなさい
●不平、不満を持つのはまだ「乳離れ」ができていない証拠
●ルーティンワークでも「自分の仕事」があることを喜びなさい
●食べさせてもらっていることに感謝しなさい

相談の文面から、思い詰めているようにも感じられたので、せっかちな私には不似合いだが、かなり優しい表現にした。もし面と向かっていたら、「甘ったれてんじゃない！」と一喝するところだ。

会社は厳しいところである。さまざまなセクションのさまざまな人間が、効率的にそれぞれの役割を果たし、その成果である利益をみんなで分け合う仕組みである。その舵を取るリーダーや上司が、各社員のスキルを判断し、会社にとって大きな成果を上げる資質を持った人間から順に、重要な役割を振り分ける。

自分ではその資格があると思っていても、会社の判断は異なると思わなければならない。ましてや入社一年や二年程度では、会社の業務知識も経験も乏しい。荷の重い仕事をいき

なり任せられるものではない。

それでも目の前に仕事があり、給料をもらえることに感謝するべきだろう。二年前までは、逆に授業料などにお金を払っていた身ではないか。今度は給与という形でもらう身になったわけだ。このまったく逆の差があることを、身をもって知るべきだ。それがわかっただけでも、ずいぶん出世したと思えばいい。

かつて、私が新聞記者をしていたころの話。日本映画全盛の時代だった。取材で石原裕次郎、赤木圭一郎というトップスターの話を何度も聞いたことがあるが、無名の役者さんとも親しくさせていただいた。

「オレたち大部屋俳優は、撮影所で待っていても、いつ仕事があるのかないのかわからない。声がかかって、どんな役でも役がつけば大喜び。殺されようが殺そうが、セリフがあろうがなかろうが、一生懸命やったもんですよ。シナリオが気に入らない、もっとセリフが欲しいなんて思ったこともなかった。第一、少しでもギャラが増えるのがうれしかった」

その話を聞いてから四十年以上たっているが、この言葉はいまでも忘れられない。

これは、サラリーマンにも共通しているのではないだろうか。私自身、会社に勤めていたころ、不平や不満を覚えたとき、この言葉を何回も反芻《はんすう》したものだ。

そうした大部屋俳優から何人かのスターも生まれた。スターになれば、監督とシナリオについて話もできるし、大スターになれば自分の好きな役も選べる。

だから、よほどひどい会社でなければ、入社三年程度の社員は「自分は大部屋」だと心得ること。それもまだ「俳優」といわれるまで至っていないのに、趣味の素人劇団と違って毎月ギャラが支払われるのだ。結構なことではないか。ありがたいと思うことだ。何を文句をいっているのだといいたい。

経験を積み、仕事ぶりに光るものがあれば、スターとまではいわなくても、主任、係長にはなれる。映画の中では渋い脇役も重要なのだ。そうなればセリフの数もおのずと増えてくる。シナリオにも口が出せる。世の中、見ている人は必ずいる。

だが、怠けたりふてくされていれば、一生、大部屋から抜け出せないことも覚悟しなければならない。いや、それどころかもう会社にいてもらわなくても結構ですと、放り出されるかもしれないのだ。

「自分を買いかぶらない者は、本人が信じているよりもはるかに優れている」（ゲーテ）

真剣勝負に慣れる

先輩、上司の「プロ力」を見誤るな

「厳しい先輩、上司を大切にしろ」

このことを、まだ経験の浅い二十代の人にいっておきたい。

「上司にイジメられている。がんばれといわれても、何をがんばっていいのかわからない」

そんな相談メールが舞い込んだ。

入社一年目の二十三歳である。くわしく読んでみると、自分のやった仕事に直属の上司がことごとくやり直しを命じるのだという。具体的な業種などは控えるが、新事業のための市場調査報告書を提出しても、却下されてしまうということらしい。

その業種の市場報告書にどんな項目があり、相談の彼がどんな報告書を書いたのかわからないが、メールの様子から、むしろその上司に理があるように私には思えた。

なぜ、そう思ったか。「イジメ」という言葉に引っかかったからだ。

私にも似たような経験があった。駆け出しの新聞記者時代のことである。

当時、さまざまな通信社から送られてくる外国の事件報道から、面白そうな記事を選んで原稿にまとめる仕事を担当していた。六百字程度のコラムである。あるとき、私は原稿を書き終え、デスクに提出した。自分でも納得の出来だった。

すると、原稿を受け取ったデスクは素早く目を通しはじめたが、半分も読まないうちに原稿をゴミ箱に投げ入れた。無言で私の顔を見てうなずく。「ボツだ。書き直し」というサインである。

私は席に戻り、ゴミ箱入りした自分の原稿を思い出しながら「あの言葉が悪かったのかな」「起承転結を変えてみよう」などと思いをめぐらして書き直した。できあがるとまたデスクの席へ行く。だが、デスクの反応はさっきと同じ。原稿は再びゴミ箱行きである。それを五回繰り返した。そして、五回目の原稿をゴミ箱に投じたとき、デスクがひと言。

「この国に、虎はいない」

その記事は、アジアのある国で住民たちが次々と何者かに襲われ、謎の死を遂げている事件を扱ったもの。通信社からの配信情報をもとに原稿をまとめた。その情報では、事件の犯人が虎ではないかと伝えていたのだ。

国内外を問わず、通信社といっても千差万別。情報に信頼のおける社もあれば、信憑《しんぴょう》性《せい》を疑ってかからなければならない会社もある。

私はデスクの指摘を受けて調べてみた。デスクのいう通り、その国に虎が生息しているという事実はなかった。私はその事実を織り込みながら記事を書き直した。六回目の原稿を読み終えたデスクは、ニッコリ笑いながらいった。

「OK、お疲れ」

何十年も前のことだが、忘れられない一件である。

「オレの知らないことを、この人はたくさん知っている」

すごい！　この人は、と素直にそう思った。そして、私を育てるために厳しく接しているのだと感じた。そうでなければ、自分で原稿を書いたほうが簡単で、しかも早い。それ以来、このデスクをはじめ社内の先輩たちを見る私の目が変わった。すごい！　みんなできるんだ――と。

ふだんは知識や教養をひけらかすこともなく、同僚や部下とバカ話をしている先輩たちだが、自分には身についていないプロの新聞記者としての素養を備えている、ということに思い当ったのである。そして、こう思った。

「何回も厳しく書き直しを命じられたが、クサらずやってよかった」

これを機に、私は新聞記者という仕事に対する情熱が湧いてきた。そのデスクには、いまも心から感謝している。「イジメ」とは一度も感じなかった。それどころか、こっちはまだまだ勉強不足だと思ったものだ。

ところが、いま待遇面などでイジメを受けているという二十代、三十代の社員からの訴えが増えているという。たしかに先輩や上司が必ずしも優れているなどと思う必要はない。世の中にはダメな先輩や上司もたくさんいるだろう。

だが、経験の浅い二十代が単純にダメな上司などと決めつけてはいけない。会社はそれなりの役目をこなしている人間に、それなりの地位を与えている。軽々に「イジメ」を受けているなどという判断を下してはいけないのだ。仕事というものは感情でものを言いはじめたら、こちらの負けなのである。

「仕事に厳しい〝プロ〟であることと、〝冷酷〟であることを混同してはならない」（『ウエスト・ポイント流最強の指導力』三笠書房）

これはアメリカの陸軍士官学校で上に立つ者の心得をいったものだが、逆に、下にいる者の上司や先輩に対する心得にも通じる言葉だ。アメリカ陸軍の幹部候補生を養成する陸軍士官学校はアメリカのニューヨーク州ウエスト・ポイントにあることから、ウエスト・ポイントといえば陸軍士官学校を意味する。

先輩、上司の厳しさを「イジメ」と感じるか、はたまた「プロ」の指導と感じるか。それによって自分の伸びしろが大きく違ってくるのだ。一時の感情的な判断で、先輩や上司のプロの力を見誤ってはいけない。

それを間違えると、自分の成長の道が一つ絶たれる。往々にして、逆に優しい先輩や上司が実は「アマ」であることも多いのだ。

「プロは厳しい目を持っている」ことを肝に銘じてほしい。

とにかく基礎を固める

「暗記力」をどんどん磨け

「仕事を命じると、必ず『えっ、なぜ』『でも、どうして』という言葉が返ってくる。口に出さないまでも、そういう目をしている。面倒くさくてイヤになりますね。そんな社員は……『ゆとり教育』のせいですかね?」

二十代前半の社員の扱いにくさについて、ある出版社のデスクを務める四十代の人間が嘆く。彼だけでなく、会社で二十代前半の部下を持つほかの知り合いも異口同音にそんなことをいっていた。

私自身、世代にかぎらず、国籍や民族、学歴など、何事につけ、個ではなく全体でくくって物事を語ることが好きではない。いわゆる「十把一絡げ」で断じるのは嫌いだ。だから「ゆとり教育世代」がどうだこうだという議論もしたくないのだが、逆にいま二十代の当事者たちが、この言葉を強く意識して自虐的に使っているようだ。

「どうせ、私は『ゆとり教育世代』ですから……」

などという。かれこれ二十年以上通っている蕎麦屋《そばや》の末娘も、雑談のなかで私が混ぜっ返すと、口を尖らせながらそう反論してくる。二十一歳の女子大生で、店の手伝いをしている。それというのも、ときに私が「えっ、そんなことも知らないの？」「まさか円周率が〝3〟だとは思ってないよね？」などと冷やかすからだ。

たしかに、このままでは日本の教育レベルは衰退する、そんな声に後押しされて「ゆとり教育」は見直されたが、結構なことだと私は思う。

そもそも「ゆとり教育」は、知識重視型の教育を「詰め込み」だと決めつけて批判した人たちが、学校での学習時間と学習内容を減らし、自由な時間を増やして、そこでの経験を通じて総合的な知識の吸収を図ろうとしたものである。総論はたしかに立派である。

だが、その「ゆとり教育」を進めた結果、それまで海外先進諸国と比べても上位にあった日本の子どもたちの学力が、著しく低下した。アメリカや日本をはじめ、ヨーロッパの先進国など三十四カ国が加盟するＯＥＣＤ（経済協力開発機構）が三年ごとに行う「生徒の学習到達度調査」でも、日本の子どもの学力は低下した。とくにその傾向が顕著なのが、数学である。かつては加盟国の中で一位だったのが、年を追うごとに順位を下げた。

だが、見直しをはじめて以降は、学力も回復基調にある。

「ゆとり教育」の見直しでいちばん大切なことは、子ども時代の暗記である。暗記力の盛んな若いときは、どんどん知識の詰め込みでいい。意味などわからなくてもいいから、丸暗記させるにかぎる。

私など、いまでも教育勅語がスラスラと口をついて出てくる。「朕惟《ちんおも》うに……」で始まり「……父母に孝に、兄弟《けいてい》に友《ゆう》に、夫婦相和し、朋友相信じ、恭儉《きょうけん》己れを持し、博愛衆に及ぼし、學を修め、業《ぎょう》を習ひ、以て智能を啓發し……」などなど、実にいいことをいっているではないか。

子どもの教育ばかりか、まだ二十代、三十代は仕事での知識の習得という観点からも、徹底的に「覚えること」は欠かせないと思う。片っ端から暗記するのだ。

ちょっと考えてみればわかることだが、たくさんのことを覚えたり、技術を習得したりするためには、とにかく頭の中に叩《たた》き込むことが必要だ。なぜそうなるのか、どう役に立つのかという理屈は、その後でいい。

「鉄は熱いうちに叩け」のたとえ通り、頭が柔軟でキャパシティに余裕のある時期に、徹底的に知識を叩き込んでおくべきなのだ。

「私の高校時代は暗記、暗記の連続でした。数学や物理は、もちろん公式が頭に入っていなければ手も足も出ない。英語だって国語だって言葉そのものや言い回し、イディオムを知らなきゃ文章なんて理解できない。歴史だって何年に何が起きたかなんて暗記以外の何物でもない。九九だって丸暗記でしょう。すべて暗記なんですよ」

かつて、東大合格者数でつねに全国トップを独走していたころの都立日比谷高校出身者の弁だ。東大卒業後、外務省に入り重職を歴任した。

彼にいわせれば、受験勉強で培われた暗記力は外務省に入ってからも大いに役立ったという。世界にどんな国があり、首都は何という都市で、大統領、首相、外務担当者は何という名前かに始まり、さまざまな知識の習得に暗記力は欠かせない。

こういう基本的知識の習得は、どんな仕事であっても必要なことだ。取引先の社長、担当重役、現場担当者の名前はもちろん、暗記して覚えなければならないことは山ほどある。二十代社員は何でもかんでも片っ端から暗記することだ。

さらに、企業のグローバル化が求められる現在、ＴＯＥＩＣやＴＯＥＦＬなどでの英語力向上が昇進の絶対条件になる会社もある。ここでも力を発揮するのは暗記力である。

もちろん、役に立たない暗記があるのも否定しない。たしかに学生時代に習った数学のサイン、コサイン、タンジェント、化学の原子記号など、社会に出てからいままで役に立ったことはない。

だが、それでも暗記は大切だ。暗記の効用として挙げられるのは、がんばって詰め込んでいくうちに記憶力のキャパシティが広がるということ。そういう訓練も必要なのだ。コンピュータは記憶容量によって作業量がまったく違ってくる。記憶量が少なければそれに見合った仕事しかできない。

「暗記は意味がありません」

そんなことを主張する人は、知識や技術の習得ということがわかっていない。基本的な知識の蓄積のその先にしか、応用力や独創的発想は生まれないのだ。重ねていうが、これは単に学校教育だけに当てはまるものではない。仕事でも同じことなのだ。

歌舞伎をはじめとする伝統芸能の世界では、基本的な技術の大切さを語るとき「形破り」と「形無し」は違うとよくいわれる。基本的な形の習得の後に、独創的な「形破り」がある。そもそも、しっかりとした元の形がなければそれを破ることもできない。礼儀作法も、形から入れといわれるのも当然である。

「四の五のいわずに、きちんと仕事に必要な基本的知識を身につける」

二十代前半のビジネスマンには、「なぜ」「どうして」の前にやることがある。熱いうちに何度も何度もきちんと叩かれた刀は、「付け焼刃」と違って刃こぼれもしないし、いつまでも切れ味を失わない。一生ものなのである。

「グズグズ」するな

瞬発力と集中力を身につける

「せっかちねえ」

よく、妻からそういわれる。私も否定はしない。

仕事でも、遊びでも、いわゆる「グズグズ」「ダラダラ」するのが嫌いだ。要は気が短い。歩くのも速い。待ち合わせにも早めに行く。飲み会も早めに切り上げる。「ゴホン」とくれば、すぐ医者に行く――。

仕事の打ち合わせでも、久しぶりに会う相手なら前置きの近況報告や雑談に少しは時間をかけるが、ほどほどにして本題に入る。いくらか複雑な要素のある案件でも、早めに結論を出す。どうしても決められない場合は、次回に持ち越す。

つきあいの浅い相手なら、ずいぶんサッパリとした性格だと思うかもしれない。だが、基本的にはせっかちなだけ。これは生まれついての性分だから、妻にいわれてもなかなか変えられない。さらにいえば、変えるつもりもない。

「拙速」という言葉がある。出来はよくないが、とにかく仕事が速い場合などに使う言葉だ。「拙《つたな》い」は褒められることではないが、「速い」は大切である。

よく映画などで「構想十年の超大作」などというキャッチフレーズを売りものにしているときがあるが、時間のかけ方と作品の良し悪しはあまり関係がない。私にいわせれば、こんなものを構想するのに十年もかかったのか、バカじゃないかと思うことも多い。

ともあれ私の経験からいうと、仕事のできる人間は間違いなく「速いタイプ」が多い。十年、二十年と長くつきあいがあり、すでに会社では中堅、あるいはそれ以上になって活躍している人間も多いが、仕事のできる人間は、思い返してみるとほとんどが若いころから「速いタイプ」だった。結論も速く出すが、それが間違っていると思ったらサッと切り替える。それも速い。

本の企画や出版の作業は、いわゆるクリエイティブな面が多い。単純作業と違って、熟慮を要することも多々ある。それでも、彼らは相対的にスピーディに作業を進める。

なかには、せっかちな私でさえ「そんなに速くなくてもいいのに」と思ってしまうほど手際のいい人間もいる。コンセプトに沿った資料の収集や企画案のまとめなど、ある程度の時間はこちらも覚悟しているにもかかわらず、速いのである。

ある出版社の担当が、まさにこのタイプ。販売部に三年勤め、その後編集部に異動になった男だ。何しろ仕事が速い。過去の新聞記事や資料の収集はもちろんのこと、食道楽の私が頼んでおいたレストランのリストアップなども素早い。企画書の作成、宣伝コピーの草案や修正など、クリエイティブな要素の多い仕事でもとにかく速いのである。

だからといって描くはない。十分に及第点のつく仕事である。あるとき、「キミの仕事の速さには感心する」という思いを伝えながら、その秘訣《ひけつ》を聞いてみた。すると、

●とにかく、自分はせっかちである
●長時間、同じことをやるのが嫌い
●夜遅くまで仕事をするのが嫌い
●休みの日はゴルフと決めている

と、答えになっているような、いないような返事。だが、私にはわかる。なぜなら、私の性格とほぼ同じだからだ。ゴルフだけは、私の場合はほどほどだが、ほかの項目は異議なしである。だが正確には、私の質問への答えにはなっていない。彼は自分の性格と趣味をいっただけだ。

「仕事を速く完成させる秘訣は何？」

再度、尋ねてみた。

「集中力と瞬発力でしょうか」

彼は販売部時代、編集部に夜遅くまで明かりがついていることは知っていた。もし、自分が編集部に配属になったら、そんな勤務形態になってしまうのかと思ったのだという。しかし、編集部で働くようになって気づいたこと。それは、編集部内の「ダラダラ」という空気。そこで彼は決断した。「まったく違うタイプの編集者になる」と。

その秘訣が、集中力と瞬発力だという。

「生意気をいうようですが、先輩たちはウォーミングアップや助走が長い。お茶を飲んだり、新聞を読んだり、雑談したり、タバコを吸ったり……」

そこで、集中力と瞬発力をモットーに仕事に臨んだというのである。

「仕事って、歯痛のようなものだと思うんです。痛いなあ、どうしよう、痛み止めを飲もうかなんて考えていても、歯痛は絶対治りません。腹痛や頭痛ならちょっと我慢したり、鎮痛薬で治ることもありますが、歯痛だけは歯医者に行くしかない。仕事も同じで、ただ悩んでいても終わらない。歯が痛くなったらすぐ歯医者へ行く。それと同様、この仕事はどうすれば正しい処理方法かを考えて、すみやかにやる。時間がたてばたつほど状況は悪化しますから」

そこで、彼はすぐに仕事に取りかかる瞬発力と、ダラダラを排除した集中力を身につけたというわけである。目の前にある仕事を歯痛とは、面白いことをいう。

たしかに、私のまわりにも言い訳や理屈ばかりが先行して、仕事の遅い人間がいる。考えていても始まらないような単純な仕事でもそうだ。頬《ほお》が腫《は》れるまで歯医者には行かないタイプだろう。

「瞬発力と集中力」――二十代は、できるだけ早いうちに彼のような習慣を身につけるといい。

どんな仕事でも、目の前にあったらさっさと取りかかること。症状が悪化する前に歯医者に行くように、速く、そして集中して仕事に臨む習慣をつけることだ。治療の痛みは速ければ速いほど小さくてすむ。時間もお金もかからない。彼の仕事ぶりを、私も見習いたいものである。

好きだけに偏《かたよ》るな

人間関係に「好き嫌い」はいらない

美味《おい》しいものを食べることが大好きだ。いわゆる「食道楽」である。

仕事の打ち合わせなども、ランチを兼ねてというケースがほとんどだ。オフィスの近所になじみの店もいくつかあって、「今日の昼はペペロンチーノにしよう」などと考えながら午前の仕事をこなしている。

いまのオフィスで仕事をするようになって二十年以上になるから、よく行く店は従業員とも顔なじみになっている。店によっては「いつものヤツ」で自分の食べたい料理が運ばれてくることもある。こういう店で食事をするのは楽でいい。なじみの店では、ときに注文をつけたりもする。「このトリッパ、もっと煮込んだほうがいいよ」などと。

なじみの店で食事をするのは「ホーム」感覚でリラックスできていいのだが、いつもそれだけではもの足りない。私は意識的に新しい店も開拓するようにしている。雑誌や新聞、テレビ、あるいは知人の情報などで知った新しい店にも足を運ぶ。こちらは「アウェイ」である。

味に納得することもあれば、期待外れでそれっきりということもある。どちらともいえないような場合は、もう一度チャレンジしてみる。別のメニューを試してみて、一度目とは違った味や触感に気づいて好きになることもある。二度目、三度目で納得の味に出会えることもあれば、やっぱりダメだということもある。

大げさにいえば、新しい店を開拓する作業は新しい感動と落胆の繰り返しでもある。だが、もともと食べることが大好きだから、このチャレンジ自体が楽しい。

食事は毎日のことだから、それなりに気を使う。

●同じ料理ばかり食べていると飽きてくる
●同じ料理では栄養のバランスが崩れる
●はじめての料理に感動し、新しい栄養にもなり、それによって舌が肥えてくる
●はじめての料理が自分の舌に合わず、食べられない

そして、ハタと気づく。人づきあいもこれと同じではないか。

●どんなに気に入っていても、いつも同じ人間とばかりつきあっていると飽きてしまう

●いつも同じ人間とばかりつきあっていると、進歩がなくなる
●新しい人間との出会いは、ときに自分の進歩をもたらす
●新しい人間との出会いにガッカリすることもある

料理と人間関係は、実によく似ていないか。

もちろん、すべてが同じだとはいわない。嫌いな料理は食べなくてもいいが、人間関係は嫌いだからといって「つきあわない」ではすまされない。とくに社会人になれば人間関係の好き嫌いはご法度だ。

会社の上司、同僚、取引先の人間なら、なおさらである。

では、どうしたらいいか。

まず大切なのは、仕事における人間関係では、感情を表に出さないこと。社会人としての経験が乏しいうちは、仕事の人間関係にとかく「好き」「嫌い」「いい人」「悪い人」「相性がいい」「苦手」など、感情を持ち込みやすい。これでは、うまくいく仕事も失敗する。

仕事において、そんなスタンスは邪魔でしかない。仕事の人間関係はプライベートとは違う。同じ会社の人間でも、取引先の人間でも、どんなに好意を持っていても、仕事の成果が上げられなければ意味がない。逆にどんな嫌いな人間でも、仕事がうまくいけばそれ

で十分だ。

私も人間だから感情はある。それどころか喜怒哀楽は人より激しいほうだ。だが、その扱い方が違う。

●嫌いな人間だが、興味があるから何回かは会ってみる
●嫌いな人間だが、仕事のできる人間だから仕事ではつきあう
●いい人間、好きな人間で、仕事もできるから仕事のつきあいもする
●いい人間、好きな人間だが、仕事はできないから、仕事のつきあいはしない

以上、大まかにいって四つのパターンに分けられる。あなたも個々の人をイメージしながら、このパターンで分類してみてはいかがか。

もちろん、人間というものは好き嫌いだけでは片づけられないほど奥が深くて面白い。「人には添うてみよ。馬には乗ってみよ」ということわざもあるくらいだ。

年を経るごとに人間関係を紡いでいると、嫌いだった人間の気づかなかった特性が見えてきたりなど、評価が変わってくることも多々あるのだ。

逆説的にいえば、「嫌いな人間との仕事を好きになる」習慣を身につけることが、大人になることでもある。

仕事をしながら社会人として成長していくのは、こういうことでもある。

「美味しい」ばかりを求めるのが人間関係ではない。たまには、美味しいとはいえなくても薬膳料理や精進料理も食べてみる。まずい料理でも、自分の健康状態を改善する栄養になるなら食べてみる。いちばんいけないのは、食わず嫌いと粗食である。それでは栄養が偏る。舌も肥えない。

人間関係においては、好き嫌いを棚上げして何でも食べてみることだ。命に別状さえなければ、一度や二度の食あたりくらいは何でもない。気がつけば、人格形成において滋養強壮の源になることさえある。これが「食道楽」ならぬ、仕事における「人間道楽」の流儀である。

ただし、恋愛関係だけは、口に合わないものは何も無理に食べることはない。

疑心暗鬼を捨てる

部下や同僚を敵視しては仕事にならない

「会社を辞めてしまいました」

大学生のころ、アルバイトで私の原稿整理や資料集めを手伝ってくれた女性から電話がかかってきた。

三カ月前に就職祝いということで、イタリアンレストランで食事をしたばかり。卒業後、大手の通信社で契約社員として働いていたが、将来のことを考え、小さいながら就職した会社だ。今度は正社員である。ところが、間もなく辞めたという。

私自身も脱サラ経験者だが、会社という拠り所は簡単に離れてはいけないということをいつも述べている。だが、彼女は辞めてしまった。私の仕事を手伝ってくれていたときの様子から考えて、よほどのことがあったのだろうと推測した。頭もいいし、常識も弁《わきま》えている。仕事の手際よさ、我慢強さも身につけた女性だ。

社会人として立派にやっていける女性だと思っていた。実際、大手の通信社では、七年の間、取材や原稿書きなどでそれなりに活躍していたという。活字になったものも見せてもらったが、及第点以上の出来だった。

会って話を聞いてみた。話を聞いて納得した。しまいには、私は彼女の決断を祝福したほどだ。

彼女は、ある日突然「明日から来なくていいから」と役員にいわれたのだという。この役員、もともと父親が創業して社長を務めていた会社に、数年前に入社してきたのだ。彼女から聞いた人物像をまとめてみた。

●知性も教養もないが、自分はそれを認めたくない
●感情の起伏が激しく、突然豹変《ひょうへん》する
●学歴コンプレックスの持ち主
●有能な部下に仕事を任せることができない
●上司であることを絶対的なものと思っている

どれをとっても、厄介な上司である。エピソードをこと細かに聞いて、彼女の不幸に同情した。よりによって、とんでもない会社に入社してしまったものだ。

その会社は、ダメな同族会社という姿を絵に描いたようなところ。勤めているかぎり、その役員から解放されることはない。これでは「三年我慢しなさい」という私の持論も通用しない。勤めていたら、彼女のほうが壊れてしまいそうな気配だ。

あなたのまわりにも、こんな上司はいないだろうか。あるいは、あなた自身にわずかでも、こうした特性は宿っていないだろうか。ときには自省も必要だ。

先に挙げた上司の特性は、どれも褒められたことではないが、とくに問題なのが「有能な部下に仕事を任せることができない」という点。これは自分が上司になったとき、気をつけたほうがいいチェックポイントだ。

何でも自分が手がければ、その結果には納得できるだろう。他人に任せれば自分の思った通りにできないのは当たり前なのだが、それが不満だという。これではリーダーになれない。何でも自分一人で完結できる職人になるしかない。

会社というのはチームプレーが求められるところ。たとえどんなに傑出した才能の持ち主であっても、そのことがわからないリーダーのいる会社は、決して長続きしない。そして、そういうリーダーが君臨する会社に長くいても、いいことはない。

この手のリーダーは、まず自分の利害しか頭にない人間である。有能な部下を育てようとか、仕事のできる部下を育てて新しいプロジェクトを立ち上げようとか、あるいはリーダーとしての立場から仕事を見つめようとか、そうしたビジョンが皆無なのである。リーダーはもちろん、上司としての資質がまるでないということだ。

●部下は道具、だから使い捨て

●出る杭は邪魔

●有能な人間は自分をバカにする

こう思い込まれたら、どうしようもない。

残念なことに、私が知っている会社にも、こういうタイプのオーナー社長がいる。さらには雇われ社長の身であるにもかかわらず、こうした歪《いびつ》な特性を持った人がいる。これでは、会社も人間も、成長など望めない。

私も、小さいながら会社を経営しているが、社員を雇って第一に考えることは「仕事を任せられるスキルをできるだけ早く身につけてほしい」ということだ。これは、一般の会社勤めの身であっても同じではないだろうか。仕事の担い手が、部下のほうから底上げされてこなければ、会社はダメになる。

もちろん、私の仕事柄、任せることのできない領域はある。だが、自分の仕事に関して、社員やスタッフのサポート、あるいはまわりの人間が有益なヒントや情報をもたらしてくれなくては成り立たない。そのスタンスでいいと思うし、そうやってきた。

「田中角栄という人は、官僚の使い方が実に巧みでした。自分の知らないこと、自分に理解できないことに関しては、われわれ官僚のレクチャーを積極的に受け入れました。それでいて、われわれが驚くような発想を投げてくる。いま批判されるような官僚主導というものとは、ひと味もふた味も違っていました。学歴はなかったですが、頭の回転がすごい。情にも厚く、素直に尊敬できる資質を持ち合わせた政治家でしたね」

昨今、再評価されはじめている田中角栄氏について知人が述懐していた。魅力のあるリーダーであったことは間違いない。いまは悠々自適の身だが、かつて霞が関の省庁で事務方の重職を務めた人の言葉である。

ところで、会社を辞めた件《くだん》の彼女はサバサバとした表情でいっていた。

「あの会社は辞める社員が多いので、しょっちゅう求人広告を出していましたね。私自身、リサーチが甘かったことを反省しています。でも、そういう会社って同僚はみんないい人なんです。ひどい会社でしたが、戦友のような友人が増えました」

ただ、彼女の言葉でちょっと気になったのが、「同僚はみんないい人です」というひと言だった。

会社はいい人たちが集まっただけでは成り立っていかない。極端なことをいえば、「バカが仲よくしていれば会社はつぶれる」のだ。たしかに経営側は理不尽なことをいってくるかもしれないが、それも会社が存続するためには必要なことなのかもしれないのだ。

女性に偏見を持たない

無能な男にかぎって差別する

「面接で、人事部長が女でさ、なーんか拍子抜けしちゃったよ」

隣の席に座った就活男子が、ご同様の友人にだるそうに語っていた。立ち寄ったコーヒー店でのこと。どうも人事部長が女性であることに落胆した様子である。

「この青年は、落ちるな」

そう思った。人事部長が女性というだけで不満に思うようなタイプに、仕事はできないだろう。どの分野でも、いまは総じて女性のほうが仕事はできるように思う。もちろん、男性にも有能な人間はいるが、その確率は女性のほうが高いようだ。少なくとも私が関係している仕事では、それがいえる。テレビでもよく見かけるが、アメリカのクリントン元国務長官やドイツのメルケル首相など、欧米では女性がトップで活躍している。

少し前のデータだが、『役員四季報』（東洋経済新報社　二〇一一年）の調査によると、三千五百九十五社の全上場企業には、役員が四万四百九十三名いるという。女性役員は前年より三十一名増加して五百八十五名。それでも女性役員が占める割合は一・四％にすぎない。さらに、増加したとはいえ、女性の役員は社外取締役での登用が多い。

自治体のトップはと見れば、女性県知事は三人、女性市区長は十六人、町村長は七人いる（二〇一一年十二月）。昔と比べれば多くなったが、まだほんの一握りだ。いまも状況に大きな変化はないだろう。

日本に比べると、はるかに女性役員の多い欧米諸国だが、それでも半数には遠く及ばない。男性偏重の社会構造は、やはり問題となっているようだ。

私自身、小さいながらも会社を経営して三十年以上続けている。これまで何人かの社員に働いてもらったが、女性のほうが仕事はできたように思う。求人はいつも新聞などに募集広告を出し、書類選考の後に筆記試験、そして数人と面接して「これは」と思う人間を採用してきた。そのほとんどが女性である。

「正直なところ、新入社員の選定で、ペーパーテスト、面接試験、どのレベルであっても、客観的に評価すれば、うちの会社の社員の八割は女性になってしまいます。会社の将来を考えれば、八割とまではいわなくても六割以上が女性社員でもいい」

大手通信会社の総務部長を務める知人はいう。期待は大きいようだ。社内結婚で退職する際、女性社員にとどまってもらいたいケースが多いといったのはユニクロの柳井正さんだ。

女性には結婚、出産、育児というライフイベントがある。とくに出産は、前後八週間程度の休暇が必要になるため、会社にとっては大きなダメージと考えられる。だが、この部長氏はまったく違った見解なのだ。

「かりに在職中に三人の子どもを出産して、そのたびに休暇を取ったとします。会社にとってはは大きな負担と考える人が多いかもしれません。でも、ほとんどの女性は生産性という視点から見ても、十分にそのマイナス面をカバーしてしまうと思いますね」

その根拠は、

●出産を中長期的なキャリアのなかで考えているから、業務を停滞させない
●出産、育児を言い訳にせず業務をこなす
●勤務時間内の集中度が高い
●オンとオフがきちんとしていて、効率的に業務をこなす
●客との不必要に思える接待、つきあいがない

「全部とはいいませんが、男性社員は理屈が多くて、業務の遂行という面ではいちいち『重い』タイプが多い。それに比べて、女性社員は口より先に手が動く。僕はそう思います。男性社員からは怒られそうですがね」

出版社をはじめ、多くの会社とのつきあいもあり、いろいろな社員を見てきた私だが、この部長氏の意見にはうなずける。

もちろん、なかには「軽い」タイプの男性もいるし、「重い」タイプの女性もいる。だが、やはりできる人間の確率は女性のほうが高いようである。

多くの大企業が不祥事を起こし、そのたびにがん首そろえて釈明会見を行うが、頭を下げる側に女性の姿を見ることはほとんどない。経営陣に女性が少ない証拠でもある。これは象徴的だ。具体的な根拠はないが、もし女性が上層部の一員に名を連ねていたら、その会社は不祥事を防げたのではないかとさえ、私は思ってしまう。

ともかく、人類の半数は女性である。女性の優れた特性をもっと生かすべきではないだろうか。人事部長が女性だからといって、それだけで色眼鏡で見てしまうような男は論外である。世の男たち、さらには女性自身も、もっと女性の能力に対して正当な評価を下すべきだと私は思う。

自分の会社で活躍している女性がいたら、それが上司であれ、同僚であれ、部下であれ、性差を超えてきちんとつきあうべきだ。学ぶべきところは学べばいい。本格的に社会人として生きていく二十代から、そういうスタンスが取れない人間は、時代に取り残されることは間違いないだろう。

第2章

20代から「伸びしろ」のある人間は何をしているか

人との出会いをつねに求める

「センスのいい人」とは何か

「はじめての著者と交渉するとき、私が部下を連れて行くとしたらセンスのいい部下を選びますね」

打ち合わせを兼ねた会食の後、旧知の仲である出版社の知り合いがそんなことをいった。

「相手が男性なら、センスのいい女性社員、相手が女性ならセンスのいい男性社員を連れて行きます」

別に異論はない。だが、聞いていてハタと考えた。「この人のいうセンスとは何だろう」。

そこで、彼に聞いてみた。

「あなたのいうセンスって、何?」

相手は一瞬、困ったような表情を浮かべてから、

「センスって……。センスっていうのは、えーと、そりゃあ、ズバリ、センスですよ」

飲みながらの話になったので、相手はほろ酔い加減。それ以上突っ込むのはやめた。

では、センスとは何か。

人間関係におけるセンスとは、私にいわせれば相手に対する「観察力」「理解力」「想像力」「柔軟性」「対応力」、そして「自己主張」の六つである。この力を備えていて、さらにそれが佇《たたず》まいや所作、言動に、静かに漂う人が人間関係において「センスのいい人」ということだ。キーワードは「静かに漂う」こと。

常識のない人、教養のない人、自分の仕事に関する知識のない人、礼儀作法が身についていない人、プライドが異様に高い人、歪な自己主張ばかりする人には備わっていないのが、この「静かに漂う」雰囲気なのである。

なぜ、静かに漂うか。それは先に挙げた六つのポイントが、バランスよく身についているからだと私は思う。どれ一つとして欠けていない、どれ一つとして突出していない。そういう人は、人間関係において相手の反応を見ながら、この六つの能力のアクセルとブレーキをうまく調整しながら対応することができる。六つの力の「出し入れ」に長《た》けているといっていいかもしれない。

●この人は何を感じているのか

●その主張の意味は何か
●その根拠は何か
●いくつの答えが用意できるか
●どの答え、答え方が受け入れられるか
●いかにして自分の主張の理解を得るか

人間関係におけるセンスの要素はこれだろう。相手の考えをうかがっているからといって、優柔不断なつきあい方をしろといっているのではない。最後には、きちんと自己主張をしなければならない。

では、どうすればその能力が身につくか。それは、どれだけ多くの人と出会い、どれだけ多くの場面を経験し、どれだけ鍛えられたか、それが重要だと思う。もちろん、成功体験ばかりではない。人生には大きな失敗、具合の悪いこともある。そこから学ぶものも謙虚に受け入れる度量が必要なのだ。そして、つらい経験があっても、人に会うことを決して拒まないことだ。

「とにかく人に会いなさい」

私はつねに、そう述べてきた。人間関係のセンスを磨くには、人に直接会って、その人を観察して、コミュニケーションを図り、そこから学ばなくてはならない。

たとえば出版社の若い編集者のなかには、いま売れっ子の著者に原稿を頼むときなど、「忙しいから、とてもウチみたいな小さな出版社では会ってくれないでしょう」みたいな引っ込み思案の姿勢を見せる人もいる。そんなとき私はいつも「会ってみないとわからないだろう」と叱咤して、とにかくコンタクトをとることに集中しろという。

やれ携帯電話だ、メールだ、スマートフォンだ、テレビ電話だと、コミュニケーションのためのツールが次々と登場するが、それは万能の利器ではないことを心しておいたほうがいい。

人間は、一日に四十人程度の顔を見ないと情緒障害を起こすといわれるほど、もともと好奇心の強い生き物である。若いうちは、もっともっと人間に興味を持とう。とにかくできるだけ多く生身の人間に会うことだ。

生身の人間との会話が、人間関係におけるセンスを磨く。多くの人に会うことを習慣づけることである。

「人と会う約束ができるということは、相手の信頼を得た証である」

アメリカの作家であり事業家のデール・カーネギーに、そんな名言がある。『人を動かす』『道は開ける』などのベストセラーでも知られる。メールの一方的なメッセージでは信頼など確かめられない。

人間は、会った人の数を重ねるごとに賢くなり、少しずつセンスが身についていく。そして魅力的な人間になっていくのだ。

あんな人になりたい

人生のお手本になる人がいるか

いい人生を送ろうと思うなら、人との出会いは大切である。

それも「あの人のように、なれたらいいな」と思える人に出会えればいちばんいい。つまり「規範とすべき人」を見つけることである。

私にとっては、先年に亡くなられた邱永漢さんが、まさにその範に当てはまる人だった。仕事、遊び、人とのつきあい方、すべてにおいて学ばせていただいた。若いころに出会えたことをとても幸運だったと思うし、長く親しくさせていただいたことを誇りに思う。

かつて、邱さんは「お金儲《もう》けの神様」と呼ばれ、株式投資や事業などで成功を収めた。それなりの富を得たことは間違いない。だが、私が知るかぎり、その呼び名とは対極にあるといっていいほど、お金そのものへの執着はなかった。

毛生え薬の販売、砂利採取業、クリーニング業、コーヒー園経営、ゴルフ場経営など、数多くの事業を手がけたが、そのどれもがお金を儲けることを第一の目的としたものではなかったと思う。

邱さんを事業欲に駆り立てていたのは、「これから世の中はどう動くか」「どんな会社が成長するか」という自分の読み。その読みがうまくいくかどうかを確かめるために、さまざまな事業をやっていたのだろう。ひと言でいえば、男のロマンでもある。だから、お金に対して「きれい」なのだ。

こんなエピソードがある。現在の台湾に生まれた邱さんは、日本に帰化した後も台湾をベースにいくつかの事業を手がけていた。あるとき、台湾では牛肉の生産量がきわめて少ないことに気づく。輸入も限定されている。そこで、邱さんは日本の良質の子牛を輸入し、牧場で育てて成牛にして販売すれば儲かると読んだ。

知人に声をかけ、子牛購入費として一口百万円で出資者を募った。何しろ、神様がいうことである。何人かがその事業の将来性に期待して出資した。ところが、それから間もなくして、台湾政府が牛肉の輸入制限を撤廃したために事業は失敗した。

事業には失敗がつきもの。出資者もそれを承知のうえでのことだから、声をかけた邱さんに責任があるわけではない。あくまで台湾政府の政策が変わったためである。本来なら

「申し訳ない、目論見が外れました」でいい。だが、邱さんは違った。声をかけた全員に出資したお金を全額返金したのである。

邱さんはまた、失敗したことを誰にでも平気でしゃべっていた。ただお金に執着する人にはできない芸当である。いつも「失敗でしたね」とニコニコしていた。

金持ちだからできるのだろうと、冷ややかな感想を抱く人もいるかもしれない。だが、それだけではないと思う。間違いなくいえることは「お金は使ってこそ生きる」という信念に徹した人だった。富を所有することに関しては実に淡泊だったからだ。失敗も成功もあっただろうが、どこか事業を楽しんでいるような風情だった。

また、無類のグルメで健啖家《けんたんか》でもあった。私も、国内ばかりか海外においても美味しいレストランに連れて行っていただいた。通称「邱飯店」と呼ばれる邱さんの自宅でごちそうになったこともある。

もちろんお子さんも、小さいころから美味しいレストランなどに連れて行っていた。海外の三ツ星レストランもたびたびである。その理由が実に独創的、かつ理に適《かな》っている。「味覚を磨くには、子どものころから美味しいものを食べさせること。味覚だけは教えてわかることではない。実際に食べてみて舌を磨くことだ。舌が肥えていれば、いざ困って食べていけなくなっても、料理人、コックで生きていける」

これは真理である。

「手に職をつける」ならぬ「舌に職をつける」である。これだけは口で教えてもわかることではないという。こういう発想が実にユニークである。

また、こんなこともいっていた。

「美味しいものを食べるにはお金がかかる。つまり、美味しいものを食べたければ働かなくてはならない。それを子どもに覚えてもらいたいんですよ。私は子どもにお金は残しませんが、お金を得る方法を教えているんです」

いかに裕福とはいえ、温室栽培のように甘やかして育てられ、親の遺産で食べていくような子どもにはしたくなかったのだろう。この教訓は、私のなかにも間違いなく芽生えている。私自身、決して裕福ではないが、いくばくかの財産はある。だが、それを子どもに残そうとは思っていない。無理に散財するつもりはないが、自分で稼いだお金は自分の人生を楽しむために使おうと決めている。現に財布の中はいつも軽い。

子どもには、お金を残すよりも生きていける知恵を残してやればいいのだ。

邱さんからは、さまざまなことを学んだ。

●新しい情報に敏感であること
●威張らないこと
●人間とのつきあいを大切にすること
●物事を常識的にとらえないこと
●世の中の「少し先」を考えること
●衣食住、旅を楽しむこと
●お金を惜しまず、合理的に使うこと

人生の師として、こういう人間を見つけて、自らも誠実に応対していれば、学ぶことはとても多いはずだ。

邱さんと長くおつきあいをさせていただいた時間のなかで、私は目からウロコが落ちるような知恵や考え方をたくさん伝授していただいたが、私が邱さんを「規範とすべき人」「自分もそうなりたい」と感じた第一の理由は、何よりもそのフランクな人柄とさわやかな佇まいである。

直木賞作家にしてエッセイスト、経済評論家とさまざまなジャンルで活躍されたが、とにかく他人に対して誠実であり、気配りが細やかで、高慢な態度を取ることのなかった人だった。

以前、お嬢さんの結婚式に招待していただいたときのこと。家に帰り、引き出物の包みを開けて感激した。私の名前がフルネームで、中国古来の篆書体《てんしょたい》で彫られた見事な印鑑が入っていた。実印としても使える見事なものだ。間違いなく高価なものである。出席者全員に用意したものだった。娘の結婚を祝う出席者に喜んでもらうことを考え、工夫を凝らす。邱さんならではのアイデアである。

私はいまもその印鑑を大事に使わせてもらっている。講演会などではもちろん、出版社などから著書にサインを頼まれたときには、必ずこの印鑑を落款《らっかん》として使う。

もう、お会いすることはできなくなってしまったが、私はこれからもこの印鑑を見るたびに「規範とすべき人」に語りかけるだろう。

「邱先生、私の生き方はお眼鏡に適っていますか」

「他山の石」をしっかり

「あんな人にはなりたくない」を反面教師にする

前項で、私は邱永漢さんとの出会いを例にとって「規範とすべき人間を見つけなさい」と述べた。それと同時に、忘れてならないことがある。「決して規範としてはいけない人」もいるということだ。そういう人物との出会いも、接し方次第では自分を磨くきっかけになる。

つまり、「あんな人にはなりたくない」という人間がいれば、その人があなたの反面教師になる。

あなたの職場にも、イヤな上司、先輩、同僚、部下はいるだろう。ビジネスパートナーにもいるかもしれない。

もちろん、仕事に関わってこなければ進んでお近づきになる必要はないが、仕事上やむを得ず、そういう人間とつきあわなければならないことも当然ある。そんなシーンで「イヤだ、嫌いだ」といったり、その感情を表情に出したりする前に、「これも人生勉強」と考えてしっかりと観察することを私はすすめたい。

●なぜ、この人が嫌いなのか
●なぜ、この人はイヤなのか
●この人のどこを直せばよくなるのか
●この人とは「どんな接し方」をすればいいのか

自分の好き嫌いの感情を抑えて、とにかく冷静に観察してみることだ。どうしてもつきあわなければならないのなら、その時間を人間観察の勉強の時間にすればいい。

学生時代を思い出してみよう。試験や入試を控えて、勉強した経験は誰にでもあるだろう。好きなテレビを見たい、好きな小説やマンガを読みたい。だが、教科書や参考書を読まなければ、試験や入試で失敗する。だから勉強する。この精神である。これはこれで、慣れてくると面白い。人を観察する力がついてくる。

これを見事に成し遂げた人を私は知っている。

彼はある会社に入社した。配属された部署の直属の上司は実にイヤな人間だった。上司やお得意様には露骨な追従と揉み手《もで》で接するのだが、部下や納入業者、会社のビル清掃業者などに対しては、無礼極まりなく威張り散らす。上司としてというより、人間としてとても尊敬できる人物ではなかった。

「ああいう人間にはなりたくないものだ」と心に決め、いわば「人生修行」と割り切ってつきあったという。イヤな上司を反面教師として観察し、上司のイヤな面を身につけないよう細心の注意を払ったというのである。

仕事ではもちろんだが、もう一つ絶対に許せないことがあった。それはゴルフである。腕に自信のあるその上司は、ゴルフなどやったこともない彼を強引に誘った。彼自身、社会人になったら始めようと思っていたから、断らなかった。

その上司のお古のクラブを譲ってもらい、二回ほど練習場に連れて行ってもらった。そしていきなり、ゴルフ場デビューである。一緒にプレーしたのは、同じ上司のもとで働く先輩二人。

そこまではいい。信じられないことに、その上司は初心者相手に「チョコレート」を持ちかけたのである。チョコレートとは、簡単にいえば「賭けゴルフ」。

もちろん、初心者の彼に対してはハンディキャップをつけたのだが、どう転んでも上司が勝つようなルールだった。

「誰でも、少し痛い目に遭って上達するんだよ」

あまりに阿漕《あこぎ》なやり口に先輩も驚いたが、立場上異議は唱えられない。

結果は無残なものだった。当時、彼の給料は手取りで十数万円ほど。はじめてのゴルフでかなりのチョコレートを取られてしまったのである。その後も、何度か同様の手口でむしり取られた。そこで彼は考えた。「よし！　取り返してやる」

彼は決意の日から、出社前に毎日練習場に通った。レッスンプロにもついた。そして、一年後にはなんとシングルプレーヤーになったのである。まれに、そんな人もいるが、一年でシングルプレーヤーになるのは容易なことではない。

彼は、基礎体力をつけ、ゴルフには欠かせない下半身強化のため、どんなに空いている電車でも決して座らず、吊革につかまりながら踵《かかと》を上げていたほど。ヒマさえあれば、腹筋運動やハンドグリッパーを使っての握力強化。それ以外にも、ゴルフ上達のためになることなら何でもやった。

その甲斐《かい》あって、見事に上司から取られた分を取り返したのである。その後、ほどなくして、その上司は不祥事で退社したという。

「猛練習のおかげで、ゴルフが大好きになりました。ただ、自分で決めたのは、部下とゴルフをやっても、チョコレートでのゴルフはやらないということ。相手がどうしてもと求めてきたら、ほんのお遊び程度にする。負けつづけたみじめさは、部下には味わわせたくありませんから」

私も一度だけ一緒にプレーしたことがあるが、一七〇センチに満たない身でありながらしっかり筋肉はついている。飛距離も恐ろしいほど出るし、ショットもこちらがうなるほど正確、小技もパターもプロ並みといっても過言ではない。事実、メンバーになっているゴルフクラブでは、幾度となくクラブチャンピオンに輝いている。

「いまでは、心の底から感謝しています。自分が部下から慕われ、取引先の方とも良好な関係でいられるのは、みな『あの人』のおかげですから」

彼はさわやかに言い切った。

「他山の石」という言葉がある。

中国の古典『詩経』にある「他山の石、以《もっ》て玉を攻《おさ》むべし」が出典である。もともとは「どこかよその山から出た粗悪な石であっても、それを砥石に利用すれば自分の玉を磨くのに役立つ」という意味である。そこから転じて「他人の誤りを自分の修養の役に立てる」というときに使われる。

このゴルフ名人は、まさにイヤな上司を「他山の石」として、人生修行の役に立てたということなのだ。

人間関係のなかで「イヤだ、嫌いだ」と、その人を遠ざけてしまうのは簡単である。だが、好き嫌いの感情をできるだけ抑え込んで、そんな相手を「絶対になりたくない人間」として位置づけ「負のお手本」にすれば、きっと人間関係のシングルプレーヤーになれるだろう。

譲れないところは譲らない

ときには「NO」をきちんという

英会話の話である。

「あなたはアメリカ人ではありませんね？」と問われたとき、日本人の多くは「はい、私はアメリカ人ではありません」と答えるだろう。

だが、もしアメリカ人が「あなたは日本人ではありませんね？」と尋ねられたら「いいえ、私は日本人ではありません」と答える。

英語に堪能な人はいいかもしれないが、片言の英語しか使えない私など、この日本語と異なる「YES」と「NO」の違いに頭が混乱してしまう。

英文法でいう否定疑問文に対する答え方は、日本語と英語の違い、日本人とアメリカ人のコミュニケーションにおける違いをよく表しているのではないだろうか。

日本人は質問をする相手の考え、つまり「この人はアメリカ人ではないはずだ」と思っている相手の立場を考えて「はい」と答える。アメリカ人は質問者の立場とは関係なく「自分は日本人ではない」という事実が優先される。だから、まず「NO＝いいえ」と答える。

この違いをひと言でいえば、相手の立場と自分の立場のどちらを優先するかということではないか。コミュニケーションの習慣にも表れている日本人の「相手の立場を考えて」というスタンス。これは決して悪いことではない。

だが、こういうモラルが社会で通用するのは、自分と同様に相手もそのモラルを共有しているときにかぎる。外国ではまず通用しないと考えたほうがいい。とはいえ、近ごろは日本国内でも通用しないときが多くなったようだ。

最近、私は思わず、ちょっと声を荒らげる機会があった。それも一カ月に二回である。一度目は箱根のホテルでのことだ。

そのホテルは結構気に入っていて、過去に数回利用している。そのとき、私はこのホテルチェーンのクーポン券を購入していた。ホテル内にあるフレンチレストランで友人とディナーを楽しんだ後、部屋に戻ろうとチェックを頼んだ。

ほどなく、若い接客の女性が勘定の書かれたメモを持ってきた。私は金額を確かめたうえ、クレジットカードと、わずかだが食事代がディスカウントされるクーポンを渡した。

少しして、正式の勘定書きを持って彼女が戻ってきた。

「あの、すみません。勘定が違っていまして、こちらの額で……」

彼女のたどたどしい説明によれば、料理はディスカウントされるが、飲み物はクーポン適用外であるとのこと。それはいい。だが、料金を見ると、その飲み物の分だけ高くなっていた。

要は、最初に渡されたメモの金額が間違っていたのだ。レストラン側のミスである。それでも、そのミスに対して謝罪があれば、私も納得したかもしれない。だが、それもない。

やがて、レストランのマネージャーが来た。

「そちらのミスはわかった。でも、数百円といえども、請求額が一度目より多くなっているのは納得できない。『すみませんでした』もない。私があなたの立場だったら、その差額は自分のポケットマネーで負担しますよ。それがサービス業というものじゃありませんか」

そのマネージャーは、丁重な態度で私の主張を全面的に受け入れた。

せっかくのディナーにケチがついた格好になったが、私は黙ってはいられなかったのだ。

そのもっとも大きな理由は、私がこのホテルを好きだからである。レストラン側の言いなりに勘定を払うこともできたが、そうしてしまうと私は二度とこのホテルを訪れることはないだろう。私は、またこのホテルを訪れたいからこそ、異議を唱えたのだ。サービスの何たるかを従業員に知ってほしかったのである。

実は、これとまったく同じことがその半月後に起こった。青山にあるイタリアンレストランでのこと。

はじめに渡されたメモの金額を見てクレジットカードを渡した。あとはサインをするだけだと思っていたら、あらためて持ってきた明細書と勘定書きの金額が違う。三人での会食だったが、約七千円も高くなっていた。

「おかしいではないか」とクレームをつけたが、「申し訳ありません。間違えました」との答え。もうそれ以上はいいたくないので、そのままサインをして店を出た。

食事を終えて立ち去る際、その店のマネージャーらしき人に、

「もう二度と来ません」

そう告げて店を出た。

もし、私が友人と食事をして割り勘になったとする。たまたま友人が計算を間違えて、

こちらが多く払う羽目になったとしても、私は何もいわずに払う。そして、そのことに対して損をしたとは思わない。それはなぜかといえば、「お互いさま」と寛容に許せる関係にあるからだ。

だが、レストランの従業員と客の関係はそうではない。「お互いさま」を求められては、客としてはたまらない。ふざけるなといいたい。

もうひと言いわせてもらえば、正当な「ＮＯ」を表明してクレームをつける客は「ここを直してくれれば、また来ますよ」といっている客であり、「ＮＯ」ともいわずに立ち去る客は二度とその店には来ない客なのだ。

誰にでも譲れないことがあるはずだ。そこから外されそうになったとき、きちんと「ＮＯ」といえる人間でありたい。

最近、サービス業に携わる人間のモラルの低下が著しい。要猛省である。

客のほうが店側にお世辞を使っているケースを見ることもたびたびある。食べさせてもらっているという姿勢だ。サービスするほう、それを受けるほうも何か勘違いをしているのではないかといいたい。

学校の勉強と実業は違う

自分は「バカだと思う」ことから始めよ

これから社会に出ようとする人、また社会に出たばかりの人たちにいっておきたいことがある。

それは、大学でも専門学校でも高校でも、そこで得た知識や技術は、世間が認めるような特別に優れた知識や技術でもないかぎり、実社会でまず通用しないということだ。そのまま通用するのは、何万分の一、何十万分の一の人間である。

一流の大学を優秀成績で卒業したからといって、一流企業でもそれが通用すると思うのは大間違い。学校と企業はまったく違うものだということがわかっていない若者が少なくないのだ。

プロスポーツの世界ではゴルフの石川遼選手、プロ野球なら、日本ハムの大谷翔平選手のように、高校在学中、あるいは高校を出たばかりで即トッププレーヤーというケースがまれにある。だが、こんなことはスポーツや芸術の世界だけと思っていたほうがいい。

「新入社員でいちばん困るのは、自分が即戦力だと思っているタイプですね」

ある中堅商社が主催する講演会に招かれたときのこと。講演が終わった後で、設営の窓口だった総務部長がそういった。

「ここだけの話ですが、ひと言でいえば、新入社員にはまず『自分はバカだ』と思ってもらいたいんですよ」

バカとは、ずいぶんと手厳しい。だが、そのくらいでちょうどいい。

「漫画家の赤塚不二夫さんもおっしゃっていました。『自分をバカだと思え』と。そう思えば、自分の知らないことでも、人に聞くことも教えてもらうこともできます。いわゆるエリートは、これができない。新人なのにヒットやホームランばかり狙《ねら》う。犠牲バントもできないのに」

実は、赤塚不二夫さんのそのエピソードについては、私もほかの著書で紹介している。だから、初対面の部長の口からその話が出てきたのは、正直なところ意外だった。たしかに赤塚さんの主張は正しい。ウォルト・ディズニーもいっている。

「正直に自分の無知を認めることが大切だ。そうすれば、必ず熱心に教えてくれる人が現れる」

さらに、この部長氏によると、自分が優秀だと高をくくっている人間には、決定的な間違いが一つあるというのだ。それは「雑用」をバカにしていること。雑用は自分の仕事ではないと思っていることである。雑用の大切さがわからないのだ。

私自身、長く新聞や出版の世界で生きてきたが、そこでも間違いなくいえることだ。新卒の彼らは優秀な大学を卒業し、知識や教養が豊富で、ジャーナリズムにもくわしいと自負して入社している。だが、そうした特性を即戦力の証だと思ってもらっては困る。なかには記者や編集者の仕事が本流で、それ以外は仕事ではないと思い込んでいる人間もいる。だが、そのうぬぼれは遠からず叩き壊される。

会社というものは、それがどんな業種でも、さまざまなセクションの集合体である。そして、どのセクションであれ、一つでも欠ければ機能しなくなる。商社なら営業部、テレビ局なら編成局、メーカーなら開発部や営業部など、業種ごとに花形と呼ばれるセクションはたしかにある。だが、こうしたセクションもバックヤードで支える総務部、経理部、管理部、資材調達部などがなければ成り立たない。

会社に入った以上は、このことを厳粛に受け止めなければならない。それが世の中の現実なのだ。

会社という組織のなかに「雑用部」というセクションはないし、「雑務」と名づけられた仕事もない。だが忘れてならないのは、どのセクションでも、職務を全うしている人たちはプロフェッショナルな職人である。そこで行われていることは、学校を出たばかりの素人には想像もできないほど大変なことだと、まず知るべきである。

誰でも、自分が働きたい部署、自分なら成果を上げられると思っている仕事はあるだろう。だが、希望通りに配属されたとしても、一度は自分が「バカ」だと考えて、何でも教えてもらわなければわからないと自覚することだ。

とにかく、どんな仕事でも積極的に取り組んでやってみること。ムダになることは何もない。

そして、その間に「小さな成功」を少しずつ積み上げることだ。これは、何も新入社員にかぎったことではない。異動や転職などで新しい環境で働く場合でも同じである。

「どんなレベルでも、どんなゲームでも、チームが勝てたことがうれしい。それも自分のヒットで」

松井秀喜氏がかつて米マイナーリーグ戦において、サヨナラヒットでチームを勝利に導いたときの言葉だ。その数年前には、ワールドシリーズでＭＶＰに輝いたエリート選手の言葉である。個人的には、何となく人間味が見えなさそうで、そんなに好きなプレーヤーではなかったが、この言葉で少し好きになった。

「電話に出る」「コピーを取る」「書類を届ける」「お得意さまにお茶を出す」。これも立派な仕事である。「あの人がいれてくれたお茶は美味しい」――そういわれて、はじめて仕事をしたことになる。ただのバカはお茶入れは「雑用」とナメてかかるから、ほかの仕事もまともにできない。

そんな人間はどこに行っても、何をやっても通用しないバカのまま人生が終わる。

本人がバカと思っていないところが、また怖い。

素のままの自分に向う

「自分は何者でもない」と感じること

私はかなり海外旅行に出かけているほうだと思うが、東南アジアの国々へ行ったときより、ヨーロッパ方面へ出かけたときのほうが「完全アウェイ」感覚がある。

自分がアジア人のせいなのか、ヨーロッパを旅していると、フランスの作家アルベール・カミュの『異邦人』ではないが、そこでは自分が孤独な存在、小さな存在に思えてくる。日本からの距離の問題なのか、人種や文化の違いなのか、理由はわからない。とはいっても、実のところ、私はこの感覚にひたるのが決して嫌いではない。むしろ、気に入っているといってもいい。なぜだろうかと考えてみた。

●自分が小さく見える↓世界の大きさを実感する

●自分のキャリア、実績などは無意味↓自分は「大したことはない」人間だ

●自分の所属、背負っているものにまわりは無関心↓人間は一人で生きている

ひと言でいえば「何者でもない自分」を強く感じるのである。そして、こういう感覚を持つのは、とてもいいことだと思う。

そんな何者でもない自分について、野球解説者の豊田泰光さんが述べていた。私は以前、日本経済新聞のスポーツ欄に掲載される豊田さんのエッセイが好きで、必ず読んでいた。

若い世代の人たちはご存じないかもしれないが、豊田さんといえば、「神様、稲尾様」といわれた西鉄ライオンズの稲尾和久投手たちと同時代に活躍した名選手だ。そんな彼も現役時代は人気者だっただけに、いつも注目されていたはず。

それゆえ、誰でもない一個人の「私」になりたかった思いを、現役の人気野球選手たちに投影している。人気者の選手にとって、「何者でもない自分」になりたいという思いをかなえられるのは、メジャー行きだけなのだろうというのが豊田さんの見方だ。

なかなか味のあるエッセイである（日本経済新聞　二〇一二年二月十六日付）。

人気者だった豊田氏は、引退後にぶらりと入った店でのんびり過ごす時間を楽しむ。誰もサインをねだりに来ない。それほど他人の目を意識しながら生きてきたのだろうと、新たに「発見」する。それが「何者でもない自分」の心地よさだという。

現役でありながら、その気持ちを味わえるのがメジャー行きだと豊田氏はいう。メジャー行きの理由の片隅に、「一回消えてみたいという危険な願望」があるのではないかと問いかける。

スター選手のダルビッシュ有投手も、連載当時は二十六歳。ふつうの若者ならハメを外してもいい年ごろだ。彼のインタビューなどの模範解答に、「自分を演じることへの疲れ」を豊田氏は見てとった。

また一方で、メジャーに行くことで「井の中の蛙《かわず》」である自分も発見するという。「ポスティングで入札されたのに〝入団テスト〟を課せられた青木宣親、ヤンキースに控え選手とされて西武に残留した中島裕之は『何者でもない自分』を感じただろう。その感覚こそ、実は得難い宝なのだ」

少し前のエピソードについて豊田氏が述べたものだが、まさにその通りで、この感覚を得ることで、選手もまた人間として成長するきっかけをつかむのではないだろうか。ダルビッシュ選手も青木選手も、いまはメジャーで堂々と活躍している。

一週間くらい休暇が取れるなら、現役のサラリーマンも海外へ出かけて「何者でもない自分」を経験してみるのもいいと思う。

いま日本では、海外留学を望む学生が著しく減少しているという。かつては日本の優秀な学生が数多く学んだアメリカの名門ハーバード大学やコロンビア大学でも、日本人学生の数は大きく減っている。代わって台頭しているのが、中国や韓国の留学生である。この現実をシビアに受け止めなければいけない。

「もっと、日本の若者たちも海外に行きなさい」

と、声を大きくしていいたい。海外に出て何者でもない自分を感じることも大切だ。そのためには学生時代はもちろん、若いうちにたとえ観光旅行でもいいから、海外に出かけるべきだろう。それもツアーではない旅だ。「一人で海外旅行に行ったことがあるか？」を大人になる第一の条件に挙げた作家もいるくらいだ。

「夢のハワイ」などといわれていた私の若いころとは違い、いまは誰でも海外に行ける時代。お金がなければアルバイトに精を出せばいいし、ローンを組んでもいい。自分への投資と思えば安いものだ。

どこの大学を出ていようが、どんな境遇で育っていようが関係のない「完全アウェイ」の場所。そこで自分の小ささを感じ、何者でもない自分に向き合う。さまざまな人種、異なる文化や習慣に触れ、多様な価値観を知り、視野を広げ、新しい発想を身につける。

その経験が、人生の宝になることは間違いない。

他力に甘えるな

何事も「自己責任」で対処する

しばらくぶりにヨーロッパを旅行してきた。フランス、スイス、ドイツ、約十日間の旅だった。

私は勤め人ではないから、働き方はフリーだ。パック料金が比較的リーズナブルな時期に旅を楽しめる。もっとも帰ってくると、フリーであるから土曜も日曜もなくなる。原稿の締め切り、出版前の校正ゲラのチェックなどが待ちかまえている。スケジュール調整は自由だが、結果については自己責任である。

前年の秋には地中海クルーズでイタリアにも立ち寄った。それを含めれば、ヨーロッパは四回目になる。今回はオーソドックスなコースだったが、圧巻だったのは、生まれてはじめて見たアルプスの山々。雪を頂いたマッターホルン、ユングフラウ、アイガーなど四〇〇〇メートル級の山々を、富士山の頂上に近い標高三四〇〇メートルにある展望台から見上げて、その美しさと雄大さに圧倒されたのだ。

とくにアイガー北壁は壮観というか、恐れ多いというか、息をのむほどの姿だった。日本人登山家の長谷川恒男さんが、一九七八年に冬季単独登頂にはじめて成功し、世界中の登山家たちを驚かせた山だ。

「なぜ、エヴェレストを目ざすのか?」と問われて、「そこに山があるから」(Because it is there) と答えたのは、イギリス人登山家のジョージ・マロリーといわれているが、アイガー北壁を見ていて、たしかに登山家なら登りたくなるだろうと実感した。

この旅で、強く感じたことがある。結果については「自己責任」と述べたが、ヨーロッパの国々は、その自己責任が徹底しているということ。まず、その一つは、駅や空港の静かさである。

ヨーロッパに行くといつも思うことだが、駅では、列車は何のアナウンスもなく発車する。もちろん空港でも日本のようなうるさい案内アナウンスがない。日本の駅や空港ならば、「札幌行き日本航空二一五三便の搭乗手続きを開始いたします」とか「二五番線に新大阪行きひかり一三五号が到着いたします」といったアナウンスがひっきりなしだ。だが、ミュンヘンの空港に降り立ったときなど、ここは病院かと思うほど静寂だった。

ひと言でいえば、「乗る飛行機、列車、行き先を確認するのはあなたの役目です」と客に宣言しているのである。

高速道路もまたしかり。出口、分岐点などの表示も直前付近になって出てくる。日本のように「○○パーキングエリアまで五キロ」などというご親切な表示はほとんどない。

フランスの高速道路の標識は、もちろんフランス語だけ。それくらいのフランス語が読めなければ、フランスに来ても仕方がないでしょうといわんばかりだ。相手を突き放すというスタイルだが、それが大人を相手にしたときの扱いだろう。まさに自己責任が徹底しているのである。

日本の案内アナウンスや標識（日本語だけでなく、英語や韓国語、中国語まである）は、親切でいて相手を子ども扱いしているようだ。そういう土壌なのである。かくして、甘ったれの日本人ができあがる。

「私は日本にいて英語で話しかけられても、英語では返事をしません」

アメリカの大学を卒業し、滞米経験も長い、ある大学教授がいう。

「『日本語が母国語である日本という国で、外国人である私が英語で話す無礼をお許しください』といってきたら、英語で答えてあげますがね。教養のある人は、そういう前置きを入れるものです」

それでも英語で話しかける外国人には、「通訳を雇いなさい」ときっぱりいってしまうこともあるというから、なかなかの御仁である。

「そのひと言だって、英語でいってあげるんだから、私は相当に親切な人間だと思いますよ」ともいう。

この大学教授の頑《かたく》なさを見習うべきとまではいわないが、その精神は正しいと私は思う。海外を旅するということは本質的にそういうことなのだ。意地悪をいうつもりはないが、日本を訪れる外国人を甘えさせすぎてはいないか。「オモテナシ」もいいが、この言葉を聞くと、揉み手をしながらペコペコ頭を下げている日本人を思い浮かべるのは私だけだろうか。

また、それと同時に、日本人も日本のあまりの過剰サービスに甘えすぎている。駅や空港でのうるさいくらいのアナウンスは、とても大人を相手にしているとは思えない。

昨今、たしかに日本から海外留学をする学生が激減している。また、商社をはじめ、海外との結びつきの深い会社に勤めながら、海外赴任を拒否する社員が多いという。さらには、半月程度の海外出張でさえ難色を示す社員すらいるというではないか。「内弁慶にも、ほどがある」といいたくなる。なぜ、そんな日本人が増えてきたのだろうか。

これは、ある意味で「日本の住みやすさ」が要因になっているのではないか。何でもかんでも、手取り足取りの子ども扱いの習慣が、「自己責任」の重さを知らない日本人を生み出していると思う。

海外経験の少ない二十代、三十代の人たちに、私が海外に一人で出かけてみなさいというのは、何でも用意されているのが当たり前の日本との違いを、肌で感じてほしいからでもある。観光旅行でもかまわない。だが、旅行代理店が世話をする旅ではなく、自分でチケットを手配し、現地でも自分一人で移動してみる。

ワイン好きの私の知り合いの女性は、フランスのボルドー地区のワインセラーに行ってみたくて徹底的にフランス語を勉強。一年たらずで一人で旅立ってワインセラーの持ち主ともすっかり親しくなるまでになったという。いまではフランスに友人もたくさんできて、ときに南フランスやスペインまで出かけてのグルメ旅行もやっているそうだ。

もちろん、彼女のように当地の言葉も勉強するに越したことはないが、海外へ出かけるなら、せめて基本的な英語くらいは身につけておきたいものだ。そして、忘れてならないのが「自己責任の精神」である。

そういう場に身を置くことで、強い日本人になれるのではないか。

私は中学、高校程度の英語しか話せないし、わずかなドイツ語の単語くらいしか知らないが、それでも、今回の旅でも何とかコミュニケーションを図ろうと努力した。隣り合わせたドイツ人夫婦と、簡単なジョークを言い合うくらいの英語は話せた。それくらいは誰にでもできることではないだろうか。

いずれにせよ、自己責任を受け入れる習慣を身につけるべきだということを、再確認した旅であった。

マニュアルに依存するな

「アドリブ」を身につけていますか

キース・ジャレットは大好きなジャズピアニストの一人だ。彼の真骨頂は「アドリブ」である。日本語では「即興演奏」。読んで字のごとく、音符にないメロディやコードを即興で演奏することをいう。「ad libitum」というラテン語が語源で「自由に」という意味だ。

もともとは音楽用語だが、いまでは演劇などでも、台本にないセリフを演者がいったり、演じたりするときにも使う。

ジャズにおけるアドリブは、ソロ演奏などでは珍しくないが、トリオやカルテットといった複数のプレーヤーによる演奏の場合、演奏者同士の息が合っていないとなかなか難しい。だが、ジャズの醍醐《だいごみ》味は、このアドリブにある。

われわれの日々の暮らしには、台本があるわけではない。会話は、相手からの質問に答えたり、逆にこちらから質問して相手が答えたり、それらはすべて、いってみればアドリブである。ところが、このアドリブを身につけていない人間が急増している。マニュアル全盛の時代。ファーストフード店などにおける接客術が、まさにこれだ。

「ハンバーガーを百個ください」

「こちらでお召し上がりですか」

「バカやろう、オレ一人だよ。見りゃわかるだろ。食えるわけないだろう。おまえ、食ってみろよ」

これは、大衆演劇のスターである梅沢富美男さんがテレビで憤慨していたエピソードだが、「嘆かわしい」のひと言だ。若手劇団員への差し入れを買いに、ファーストフード店に入ったときのことだと記憶している。ほかでも、このハンバーガー大量注文事件の話は聞いたことがある。

ファーストフード店の起源はアメリカだ。アメリカはご存じの通り、歴史的に移民社会。多民族、多人種の国である。ハンバーガーを買いに来る客、応対する従業員の特性も日本と違い、さまざまである。

当然、人によっては英語によるコミュニケーション力の差もある。そうなれば、客との応対も最低限必要なことだけを了解し合えばいい。そのためにマニュアル化を導入したのだ。いわば、必要最小限の基本的な会話のガイドブックだ。もちろん、複雑な会話を排除して、より客の流れを速めようという経営者側の意図もあったに違いない。

安い価格で一定レベルの商品を提供するために、マニュアル導入はある程度は致し方ないとは思うが、当たり前のように判で押した対応は考え直すべきではないか。

また、言葉もおかしい。コーヒーだけを頼んだ客に「こちらでお召し上がりですか？」は変だろう。コーヒーは「飲むもの」であって「召し上がる」ものではない。「こちらでお飲みになりますか？」と尋ねることや、一人で来店して五個も十個もハンバーガーを頼む客に「こちらでお召し上がりですか？」ではなく「テイクアウトでよろしいでしょうか？」と尋ねるのが、そんなに難しいことだろうか。

日本では、日本語を使っての日本人同士の会話が圧倒的に多いのである。

経営者が従業員に対して、マニュアル以外の会話を禁止しているのか、従業員がマニュアル以外の会話を思いつかないのか。人間対人間の接客である。何とかならないものかと思うが、こういう疑問を抱くのは私だけではないだろう。

ファーストフード店のような接客術が許されるのは、ごく限られた分野だけのことと心得ておいたほうがいい。

営業やビジネスパートナーと折衝の多い職種の人間は、マニュアル一辺倒の会話術だけでは生きていけない。相手の心に入り込むには、マニュアルだけではとうてい無理である。そこで求められるのが、会話における「アドリブ力」。つまり、即興的な柔軟性を会話のなかに取り入れなさいということだ。

いいアドリブの本質は、相手の立場に立ったうえで、

●相手に意外性を感じさせること→相手の関心を喚起する
●相手が求めているものをかぎ分けて対応する→相手が好意を感じる
●相手が求めているものを具体的に提示する→相手が納得する

この三つの要素があること。これを臨機応変に使いこなすことができれば、会話、折衝、商談などでうまくいく可能性は高くなる。アドリブとは臨機応変力でもある。

あなたのまわりにも、この臨機応変な対応を見事にこなしている先輩がいるのではないだろうか。もし、あなたがアドリブ下手なら、こういう人をよく観察してみるといい。こういう人の言葉遣い、表現方法、物腰などを真似する習慣を、まず身につけることだ。最初のうちは真似でいい。そこから、自分なりの味つけをしていけばいいのだ。

こういうアドリブを使った会話力は交渉事にも有利になる。これに磨きをかければ会社

のなかでも「営業力あり」と株を上げることは間違いない。

欽ちゃんことコメディアンの萩本欽一さんは、かつての下町にはこのアドリブ力があったと懐かしむ。法律でもマニュアルでもない、アドリブ生活の知恵である。

「例えば道路も『庭』という感覚。遊ぶ場所でした。車の制限速度が30キロとなっていても、子どもを見るとみんな20キロで走っていた。……みんな問題をアドリブでこなしていた。それを、何でもこうしなくてはいけない、と決めるからおかしくなった。……神社で隠れん坊しても神主さんに怒られなかった。ハトにえさをやるな、捕まえるなとか、いちいち言わなかった。いまは人間を操り人形にしているような気がしますね」（朝日新聞二〇一二年六月九日付）

萩本さん一流の観察眼と表現で、マニュアル一辺倒の愚かさを見事に突いている。

「それぞれに相手に気遣い、自然にルールができてこそ街。それが粋ってものです」

下町への思いを語ったインタビューでの発言だが、この考え方は、仕事でもプライベートでも、いい会話、いい交渉術のヒントになる。臨機応変で「粋」な行いは、マニュアル一辺倒の人間には身につかない。

アドリブが生きるのは、何もジャズや演劇の世界ばかりではないのだ。

第3章

20代から何事にも前向きな人が伸びる

理屈をいう前に動け

どんどんやって失敗を続けろ

「気持ちで負けないようにがんばりました」

スポーツ選手がよく口にする言葉だ。だが、よくわからない。気持ちで負けないようにしたが、勝負で負けたのか。勝負で負けてしまったら何もならないではないか。誰でも気持ちは勝ちにいく気分だろう。だが、もっとほかに負けた原因もあるのではないか。たとえば技術面などだ。

甲子園で闘う高校野球の試合をテレビで見ることがある。バッターボックスに入った選手がバットの先をピッチャーに向け、大声で何かを叫んでいる。格闘技のように、相対して直接コンタクトする競技なら理解できるのだが、野球のような球技では違和感を覚える。

「日本に来て、びっくりしたのが甲子園」

知り合いのアメリカ人が、バッターボックスで絶叫する選手を見て驚いていた。たしかに、日本の高校野球の過熱ぶりは世界のスポーツの現場と比較しても特異なようだ。強豪校の野球指導者のなかには、もはや教師というよりプロの監督のような人もいる。強いチームづくりの請負人として、いくつもの高校を渡り歩く監督もいる。

そういう背景のもと、勝利至上主義が幅を利かせ「気持ちが大事」と、選手に精神面の強さをアピールさせるために叫ばせているのだろうか。

「勝ちたい気持ちも、元気がいいのもわかりますが、あのエネルギーをピッチャーの配球を読むことに向けたほうが、いいように思いますね」

高校、大学、社会人とすべてのアマチュア野球の指導者として輝かしい実績を上げた解説者が、かつてそんなことをいっていた。「わが意を得たり」の感である。

とはいっても、私は勝ちたいという気持ちが無意味だといっているわけではない。大切なのは、技術と気持ちをバランスよく持つことが大切だといいたい。

これは、仕事でもいえることだ。

「リスクヘッジだ、CPOだ、グローバルスタンダードだ、SP予算だと、どこで聞きかじったのか、能書きばかり垂れる人間が多くなってきました」

ある中堅家電メーカーの、営業担当役員をしている人間がぼやいていた。

ご存じのように、いま国内家電メーカーは中国、韓国などのメーカー攻勢に苦戦を強いられている。かつて世界を席巻したパナソニック、ソニーといった大手のメーカーも例外ではない。

「そんなことは百も承知。けれど、われわれが最終的に必要としているのは、市場分析や経済理論ではなく、数字なんですよ。『近ごろの若いヤツは！』という言葉は会社では禁句ですが、思わずそう叫びたくなることがあります」

経済活況時代に、現場の営業マンとして国内、海外を問わず、製品を売り歩いた経験のある人間としては、欲求不満状態のようだ。

「おまえの理論なんて、いくらで売れるんだ。理屈なんてどうでもいい。そんなヒマがあったら、冷蔵庫の一台でも売ってこい、ですよ」

世代間の温度差に悩むのは、何も家電メーカーばかりではない。私が知るかぎり、どこでも似たようなものだ。私はこの役員氏の主張に一〇〇％賛成とはいわないが、二十代、三十代に「頭でっかちで動かない」人間が増えているのは事実ではないか。

「若い世代のことがわかるのか」

そんな反発を食らいそうだが、日ごろから経験ずみである。たしかに私は七十代だが、出版社の担当編集者はほとんどが二十代、三十代である。講演の仕事の担当者、運営しているブログやメールマガジンの担当者もその世代だ。ナマで接している。

もちろん、動かない人間ばかりというつもりはないのだが、思わず「ゴタゴタいう前に動きなさい」といいたくなる人間が増えた。私にそう思わせる人間の欠点は、実にわかりやすい。

①とにかく失敗したくない
②「いい子」である
③論理先行型
④叱責《しっせき》を極度に恐れる
⑤人づきあいが苦手

もしあなたが、二十代、三十代のビジネスマンで、上司との折り合いで悩んでいるようなら、このポイントをチェックしてみるといい。いくつか当てはまっていないだろうか。とかく理屈が先行するのだ。

最初の「とにかく失敗したくない」という気持ちを、第一に封印してみること。②〜④までは、すべて①を封印することで解決できると断言できる。そのために、行動のパターンとして大切なのは「考えすぎないこと」である。

世の中は、すべて論理、整合性で動いているわけではない。一人の人間がどんなに悩んでも、一〇〇％の正解などあるわけがない。むしろビジネスにおける正解とは「動いて、他人にあたって、理解し合って、つくり出すもの」である。まず正解ありきの世界ではないのだ。考えるだけで正解が見つかるなら、私の本はすべてがミリオンセラーになっているだろう。

だから、これからは「考える→行動する」というパターンでも、いままでより「踏み切り」を早くしてみること。失敗を恐れるから踏み切りが遅れるのである。考える前に動けばいいのだ。

なぜ、失敗を恐れるのか？　それは失敗した経験がないからである。若いうちはいくらでも失敗してみろ！　である。そんなことは会社も想定ずみなのだ。

二十代、三十代なら、一度や二度の失敗は取り返しがきく。そうすれば、失敗のダメージなど考えていたほど大きくないことに気づく。失敗を恐れず、とにかくレスポンスを早くしろといいたい。

高校球児たちは、甲子園という晴れ舞台で自分自身の「打てない失敗を恐れる」気持ちに負けないために、バッターボックスで叫んでいると考えれば納得もいく。

「私の現在が成功というのなら、私の過去はみんな失敗が土台づくりをしていることにある。仕事は全部、失敗の連続である」（本田宗一郎）

打たれ強さを身につけろ

「叱られ慣れ」は自分の強みに

「私は、○○さんにとても感謝しています」

五十代半ばで、いまはある会社の役員になっている人がそんな話をしてくれた。

私も親しくさせてもらっているその人の名前を、意外なところで聞いたものだ。

その人は、三十年ほど前に勤めていた会社を辞め、新たに数人の仲間と会社を立ち上げて見事に成功を収めた人だ。その後、進むべき道について仲間との方向性の違いが生まれ、彼は独立して本の執筆や講演などで活躍している。

私も出版プロデューサーとして、何度か本づくりのお手伝いをさせてもらった。そればかりか、一緒にゴルフに行ったり、海外へ遊びに出かけたりもした。

ところで、なぜ、この五十代の役員氏が、その彼への感謝を口にしたのか。

「とにかくよく叱られました。その一点です。それも言いがかりに近いような叱り方ですから、そのときは本当に腹が立ちましたよ。忘れられないのは、入社したてのころにかかってきた一本の電話をとったときのことでした」

相手が指名した先輩社員は、あいにく外出中だった。その旨を相手に伝え電話を切った。そして、電話があったことをメモして先輩社員のデスクの上に置いた。

「キミ、それでいいと思っているのか？」

突然、一部始終を間近で見ていた上司から怒鳴られた。怒鳴られた本人には何のことかわからない。だが、上司はじっとメモを見つめている。電話がかかってきた時間、相手の名前、電話を乞うというメッセージもきちんと書いてある。思わず「はっ？」と聞き返した。

「もう一度、メモを書き直しなさい」

上司からそういわれて、首をかしげながら書き直す。

「違う！」

やはり何のことかわからない。それほど汚い字だとは思わなかったが、もっときれいに書けということなのかと判断し、もう一度ていねいに書く。

「違う！」

もう、どうしていいかわからなくなった。

「『けものへん』の書き順が違う！」

その先輩の名前は「狩野」。メモの最初に書く「狩野様」の「狩」の「けものへん」の書き順が違うというのだ。

「正直、そのときは『何をいってるんだ、この人は』と思いました。でも、後で考えてみると、なるほどなと思ったんです」

自分なりに叱責の意味を考えて、整理してみた。
●人の名前を間違えるのは無礼（たとえ書き順でも）
●相手の立場を考えなさい（自分の名前を間違えられたら不愉快）
●上司に叱られることに慣れなさい
●叱る側のつらさも理解しなさい
「きっと、そのことを教えたかったんだと思います。誰だって、人を叱りたくなんかないはずです。見て見ぬふりをしてもよかった。でも、まだ、新入社員で試用期間だった私に、そのことを叩き込みたかったんだと思いますね」

ついでにいうなら、人の名前を間違えるのはもってのほかだが、旧字の人の名を略字にしてもいけない。「櫻井さん」を「桜井さん」と書くべきではないのもマナーである。「佐木」を「佐々木」もいけない。略字で書いたばかりに手紙を受け取らなかった人もいるくらいだ。

この一件以外にも、その上司から試用期間中の一カ月は「ネクタイが緩んでいる」「靴が汚い」「電話の声が小さい」などなど、注意されっ放しだったという。

しかし、この役員氏は意気消沈しなかった。その都度、イヤな顔をせず「はい」と返事をして素直に従った。すると、試用期間最後の日、彼はこういったという。

「オレのことを鬼とは思わなかったか？　今日で試用期間は終わりだ。オレも疲れたよ。それにしても、キミはなかなか我慢強い。それに素直だ。仕事で生きていくための素質を十分に身につけている」

その日を境に、これまでの言いがかりのような小言は一切なくなったという。私は、この話を聞いて感心した。そして、彼のことをさらに好きになり、見直しもした。

最近は二十代、あるいは三十代でも、ちょっと叱責されたり過ちを指摘されると、意気消沈したり不服そうな表情を見せる人がいる。なかには「キレる」人さえいる。自分に明らかな落ち度があったときでもそうだ。生まれてからこれまで、叱られてこなかったのだろう。親がバカなのだ。

そんなことでは、生き馬の目を抜くようなビジネスの世界では生きてはいけない。打たれ強さも、ビジネスマンには必要な要素なのだ。叱っている上司や友人はありがたいと思わなくてはいけない。誰も叱ってくれなくなったら、あなたはもう見放されたのだ。

とにかく、会社や仕事の場で、叱責されたり、過ちを指摘されることに対して、もっと慣れることが大切だと私は思う。落ち着いて考えたとき、相手に理がなければ、冷静に反論すればいいし、理があれば従う。それ以上でもそれ以下でもない。

その意味で、自分のまわりに、見て見ぬふりをせずに叱責してくれる上司や先輩がいることを、自分にとって幸福なことだと思うべきだ。叱責されるよりも、叱責する側のほうがエネルギーを消耗する。そのことを知るべきである。

人間は誰でも面白い

とにかくマメに通信し合いなさい

昨年の正月のこと。古くからの知人がやっているイベント会社を訪ねた。とくに用件があったわけではない。彼のオフィス近くにある図書館に、調べものに出かけたついでに立ち寄ったのだ。年賀のあいさつも兼ねてである。

十人近い社員が、打ち合わせ用の大きなテーブルを囲んで、正月休みの間に届いた年賀状や手紙類の仕分け作業をしているところだった。私はソファに腰を下ろし、社長である知人と近況などについて話していた。

仕分け作業を終えた社員たちは、自分に届いた年賀状を持ってそれぞれの席につく。何気なくその風景を見ていて、ふと気がついた。人によって、届いた年賀状の数に大きな差がある。ゆうに二百枚を超えている人もいれば、どう大目に見ても三十枚程度の人もいる。

小さな会社だから、デスクワーク専門の経理や総務を担当している五十代の女性社員以外、ほとんどが営業やイベント設営業務である。彼らは外部とのつきあいがとても大切な職種だ。年賀状の枚数は、彼らが外でどんなつきあい方をしているかのバロメーターともいえる。

「同じような仕事をしていても、人によって、こんなにも年賀状の枚数に差があるものか」

それとなく観察してみると、やはり、この会社で大車輪の活躍をしている社員は、いっぱいの年賀状が届いている。

知人である社長の席にも、一人の社員が年賀状を持ってきた。おそらく三百枚は下らないだろう。仕事のできる社長である。

「最近は、メールでお年賀なんて人も多いんですが、やっぱり年賀状は特別ですね」

私も同感だ。

年賀状の送り手はいろいろだ。親戚《しんせき》、親しい友人はもちろん、暮れに忘年会をやったばかりの人、前年に知り合いになったばかりの人、何年も会っていない人、忘れられない思い出を共有している知人、すぐには思い出せない人、行きつけの飲食店やショップから、一度か二度しか立ち寄った記憶がないお店の人など、届いた年賀状をめくっているだけでも楽しい。

年に一回、年賀状だけのつきあいの人もいるが、それでも「ああ、元気でやっているんだな」と思えてうれしい。だが、何といってもありがたいのは、お会いしたこともない私の著書の愛読者からの年賀状だ。

そして、そんな年賀状に目を通しながら感じるのは、「自分は多くの人たちに支えられて生きている」ということだ。

さらに仕事に関していえば、もし、自分が誰かの知識や知恵を借りたいときに「力を貸してくれる人がいる」という確かな思いだ。本当にその人に頼るか頼らないかではなく、その事実だけで人間は勇気をもらうことができる。よくいわれる周囲の支えである。

いつも感じるのだが、個人的に魅力があって、なおかつ仕事のできる人間に共通するのは、確かな人脈を持っているということだ。それも、仕事の領域ばかりではなく、それとはまったく異なる世界にも人脈がある。生まれや育った境遇、性別、学歴、職業などを問わない。

そして、職場などで見ていると、そういう人にはたくさんの電話がかかり、たくさんのメールや封書が届く。年賀状もその一つだ。それは、かつての政治家が出した儀礼的な年賀状とは違う。仕事やプライベートで、たった一度でも印象に残る出会いをし、いろいろな意味で互いにいい時間を過ごした知人たちからである。もちろん、それはその人自身が、電話をし、メールをし、手紙を書くからだ。

あなたのまわりを見てみるといい。仕事のできない上司や先輩、同僚、後輩には電話や郵便物が少なくはないか。たとえ、それが飲食店の女性からのものであってもいい。どこか人間としての魅力があるから、誰もが「通信」したくなるのだ。

では、そんな人間になるにはどうすればいいか。簡単である。自分から他人との接点を求めればいい。「面倒くさい」「気が重い」「時間のムダ」「役に立たない」などと内向きの生き方をしていては、人は寄ってこない。どんな人間でも面白いのだ。

機会があれば、一度や二度はとにかく接してみること。そして「通信」すること。それに尽きる。

そんな生き方を続けていると、思わぬ発見、思わぬビジネスチャンス、魅力的な人との出会いがある。人間は誰でも欠点を持ってはいるが、それと同じ、いやそれ以上に長所を持ち合わせている動物である。もちろん、落胆することもあるだろう。それも人生の糧になる。

アメリカの事業家であるデール・カーネギーは、こんなことをいっている。

「人間にもっとも必要な特質は何だろうか。管理者の能力、偉大な精神力、親切心、勇気、ユーモアを解する心、こんなものはみな異なる。もっともそのどれもがごく重要であるが。私の考えでは、それは友人をつくる能力である。ひと言でいえば、それは相手の最大の長所を見出す能力である」

もし、あなたの手元に、わずかな枚数の年賀状しか届かないのであれば、仕事ばかりか、プライベートでも、自分の魅力というものを疑ってみたほうがいい。

そんな自分を変えたいなら、自ら発信することに関して、もっとマメになること。ハガキ、手紙、電話、メール、何でもいい。他人との接点を積極的に求めることだ。意識的にやっていけば、他人の長所も見つけることができ、自分のまわりに、魅力的で有能な友人がいることにも気づくはず。

まずは、年賀状や暑中見舞いから、スタートしてみてはいかがだろうか。年齢、職業、性別などに関係なく、ちょっと気になる人には、まず自分から発信してみることだ。

気になる他人のクセ

上手に距離間をとるのが解決策

夕刊紙で興味深い記事を見つけた。

二百人のＯＬに「上司の許せないクセはありますか」というアンケート調査をしたところ、二百人中百五十二人が「ＹＥＳ」と答えていた。七六％である。ちょっとびっくりするような数字ではないか（日刊ゲンダイ　二〇一二年七月十四日付）。

また「ＹＥＳ」と答えた百五十二人のうち、五十六人が許せないと挙げたのが上司の口グセ。

どんな口グセかというと「忘れたい過去の失敗を、何年も言いつづけられてホントにイヤ！」と答えている。「発注数を間違えた」「取引先の社名を間違えた」などシチュエーションの違いこそあれ、「そういえば、キミはあのとき……」と、過去のミスを何かと口グセにする上司はＯＬに嫌われるらしい。

そのほか、仕事とは直接関係ないが許せないクセもあるようだ。「指をなめてからお札を数える」「ハンカチを持っていない」などなど、ＯＬには不潔な印象を与えるクセも、嫌われるのは間違いない。

このアンケートは上司についてのものだが、二十代とて他人事《ひとごと》ではない。このような感情的、生理的な嫌悪感をもたらすクセをバカにしてはいけない。実は、このちょっとしたクセがかなりの「曲者《くせもの》」なのだ。

人とのつきあいのなかで、その人のクセがどうしても気になって仕方がない、ということは間々ある。「爪をかむ」「話しながら髪に触る」「貧乏ゆすり」「箸《はし》をなめる」など、取り立てて「やめてほしい」とはいいにくいクセだ。同世代ならまだしも、目上の人だったり、大切な取引先だったりすれば、なおさらいえるものではない。

だから、他人から生理的に嫌いと思われるようなクセを持っていると、プライベートはもちろん、仕事においても良好な関係を結ぶことは難しくなる。好感を持たれるどころか、相手は距離を置こうとする。人は理屈ではなく、イヤなものはイヤだという感情が先に立つからだ。

知人女性のケースも、そうだった。彼女はつきあっていた男性が、食事の席でやたらと楊枝《ようじ》を使うことに耐え切れず、とうとう別れてしまった。彼はきちんと手で口を隠して楊枝を使っていたらしい。しかし、どうにも許せなくなったのだという。何度も「やめてほしい」と彼女はいったそうだが、聞いてもらえなかった。

「それ以外、何一つ不満はなかった」というのだから、彼女の言い方が甘かったのかもしれない。あるいは、彼が彼女と別れることを望んで、あえてやめなかったのかもしれない。本人にとっては取るに足りないことであっても、相手にとっては重大な問題になる。それがクセなのである。

気になるクセを持っている人でも、たまに会うくらいの関係なら我慢もできる。だが、毎日顔を合わせる上司や先輩となると、ちょっとつらい。もし直接「やめてほしい」といってしまえば、関係はさらにギクシャクする。これはもう、あきらめて我慢するしかないだろう。なるべくイヤなクセを見ないようにするしかない。

その我慢について、先のアンケートに「NO」と答えた人、つまり「許せないクセはない」と答えたOLたちは、「仕方がないこと」と、どうも達観しているようだ。

「鼻クソを親指でほじるとか、色気のある女性保険外務員が来社すると目つきがいやらしく輝くとか、気になるクセはいっぱいある。でも、もうあきらめている」(二十九歳)。

「二十代までは長い説教グセが許せなかったけど、いまは上司の個性だと思って聞き流せるようになった」（三十三歳）などと、気になるクセに対して、いい距離感で上司を眺めている。

二十代という若い世代は、性別を問わず、他人の一挙手一投足に対して神経質に反応するタイプが多い。他人のクセでも、許せないと感じることがあるかもしれない。だが、ここは、その人の個性とあきらめて大人の対応をするしかない。あわせて、わが身を振り返ることも忘れてはならない。

「人に七癖、わが身に八癖」。そんなことわざもある。他人のクセに関しては、寛容でいることが自身の精神衛生上にもいい。クセが許せないからと、その人との距離をあまりに広げてしまうのは、逆に人間の器量が問われることにもなりかねない。

「反りが合わない」という言葉がある。ここでいう「反り」とは、刀の峰の反っている部分をいう。この反り方と鞘《さや》の曲がり加減が合っていないと、刀は鞘に収まらない。これを人間関係にたとえて、気心の合わないことを「反りが合わない」という。

人間関係では、他人の反りに合わせて自分の鞘を曲げることも、ときには必要だ。気になるクセに関しては、他人には寛容に、自分には厳しくである。

お金は上手に使うこと

お金を貯めることを目標にするな

「二十代はお金を貯めることよりも、いい使い方を考えなさい」

私はいつも、そう述べている。お金は稼ぐよりも使うほうが実は難しい。ケチが悪いことだとは思わないが、同じケチでも、イザというときにポンと大金を出せるケチの生き方のほうがいいと思う。

人生において優先すべきは「何がしたいか」「何が欲しいか」「どう生きたいか」である。お金は、その目的のために使ってナンボなのだ。

「どうして、そんなに急いでお金を使うの？」

「だって、早く使わないとなくなっちゃう」

こんな笑い話があるほど、たしかにお金は知らず知らずのうちに少なくなっていく。経済が右肩上がりの時代なら、それでも働いていれば何となくお金が残ったものだが、いまの二十代を取り巻く経済状況は厳しい。

「貯蓄がすべてです。将来が不安で仕方がありません」

いま、二十代でこんなことを公言する人もいる。私にもメールや手紙などで、似たような内容でお金の不安を訴えてくる読者もいる。わからないではない。だが、将来が不安だからといって、ただただお金を貯めるだけの人生など私はご免こうむりたい。

彼ら、彼女たちのいう将来とは、どのくらいの先行きをいうのか。五年先、十年先ならまだわかるが、二十代から老後のことまで心配するのは行き過ぎだ。

「お金そのものへの過ぎた執着を捨てる」

二十代はこのことを肝に銘じるべきだ。それを忘れると、少しずつでも預金残高が増えるほど「もっと、もっと」という欲が湧き、お金への執着の虜《とりこ》になっていく。そんな未来に幸福はない。

「人間の欲望は、たとえヒマラヤの山を黄金に変えたとしても、満たされることにはならない」

仏教の開祖、お釈迦様の言葉である。賢者は二千五百年も前に、人間の欲望の本質を見抜いていた。

世の中には、お金そのものへの異常ともいうべき執着を持つ人もいる。事業などで大成功を収め巨万の富を得たにもかかわらず、社員や社会に還元するどころか、自分のためにさえお金を使わない。こういう人はいくら財をなしても、永遠に幸福感を味わうことはないだろう。

私の知人に、若くして莫大なお金を得た人間がいた。サプリメントの通信販売が当たって、社長の給与は月額二千万円以上。年収ではない、月収である。ほとんど毎晩、銀座や赤坂のクラブで豪遊し、一晩で百万、二百万円も使うような日々だった。海外旅行では、飛行機はもちろんファーストクラス、泊まるのも超高級ホテルで女性同伴。豪勢な暮らしぶりだった。にもかかわらず、私には、彼が幸せそうには見えない。仕事に対する誇りも感じられなかった。

私は単刀直入に尋ねてみた。

「あなた、バンバンお金を使って幸せ？」

「幸せじゃないですよ。虚《むな》しい毎日です」

思っていた通りの答えが返ってきた。そして、無茶な生活が体にたたったのだろう。彼は四十代前半でガンのためにこの世を去った。幸せじゃないとつぶやいたときの寂しそうな彼の表情が忘れられない。

彼は自分とお金しか信じなかった。身一つで始めた事業が軌道に乗っても、仕事が楽しそうではなかった。社員も数十人いたが、新たな事業への夢も持ち合わせていなかった。趣味もなかった。たしかに彼は、お金を稼ぐレースの勝利者ではあったが、お金を使うレースにおいて勝利者ではなかったのではないかと思う。残念ながら、お金で得られる幸せを見つけられなかったのだ。

ただ想像してみると、お金があり余るほどあって、欲しいモノ、欲しいコトなど、何でも手に入れられるようになると、人生つまらなくなるだろうとも思う。あとは事業を拡大するとかしか、夢はなくなってしまうのではないだろうか。

先にも述べたが、亡くなった邱永漢さんは「お金儲けの神様」と呼ばれたが、彼は事業で得たお金は社員に還元したし、自分の趣味にもお金を惜しまなかった。また、得たお金で新たな事業を展開した。彼にとってはお金を得ることよりも、そのお金で何ができるかが肝心で、世界の動き、経済の動きを読み、新たな事業を立ち上げることが最優先の関心事だったのである。

「私はケチですよ」と公言していた邱さんだが、新しい事業の展開が人生の生き甲斐であり、彼はその生き甲斐のためには惜しみなくお金を使った。もちろん、さまざまな事業で失敗もしたが、成功もした。実に幸せな人生だったと思う。「清貧」とはひと味違う「清富」であり、幸福な人生を過ごしたのだ。

お金を使っての生き甲斐は人それぞれだろう。独立したい、世界中を旅してみたい、好きなクルマを買いたい、コンサートや劇場に通いつめたい、趣味を極めたい、グルメな日々を過ごしたいというのもあるだろうし、学校に入り直したい、留学したい、あるいは苦労をかけた親に報いたいという希望もあるかもしれない。煎じ詰めれば、自分がしたいことにお金を使うという姿勢が大切なのだ。

ザルでは困るが、ある程度の水漏れは人生に潤いをもたらす。とにかく自分の手元にあるお金に執着するあまり、何でもかんでも安いものを選び、日々の生活を安く上げようとする若者もいる。それでは、その人間まで安くなってしまう。

また、「俺のナントカ」などの立ち食いでフレンチやイタリアンを食べて、いっぱしの食通気取りになってもらっても困るのだ。

お金はいかに貯めて、効率的に使うかということだ。それを成功させるために必要なのが、生活の「メリハリ」。今月はコンサートに行ったが来月は我慢、今週はちょっと高い寿司屋でデートしたが来週は居酒屋チェーン店、夏休みに海外へ行きたいので一カ月は飲み会を自粛するなど、生活の優先順位を考えながらお金を貯めることだ。

要はメリハリをつけることなのである。

景気回復しているといわれてはいるが、まだまだ経済が低迷して出費を控える時代だ。だが、世の中はうまくできている。そういう時代には、必ず消費者の懐に合うリーズナブルな飲食店やショップが台頭する。安いファミレスやコンビニなどで食事をすませ、仲間と飲むときは居酒屋チェーン店などを上手に利用してムダな出費を抑え、普段着はユニクロなどの商品で着まわせばいい。クオリティやファッション性が高い割には、価格はリーズナブルである。

それらをうまく活用して、収入は少なくても、わずかでも毎月貯金をしている若者もいる。贅沢《ぜいたく》するのは大人になってからでいいと割り切るのも一つの生き方だ。

貧乏ではないが、何かしたいことがある、あるいは買いたいモノがあるなら、「あれもこれも」はやめて節約し、ある程度の計画的な貯蓄を心がける。

ともかく、お金への行き過ぎた執着は人間を醜くする。「醜富」は論外だが、お金とのいい距離感を保って「清富」であることを目ざすべきだろう。

もちろん、お金への執着を完全に断ち切ることは不可能だ。自分の人生のビジョンによって、使い方、貯め方が違ってくるのは当然のこと。ただ、貯めることだけに執着するケチケチ人生だけはやめたほうがいい。お金は貯めるのが目的ではなく、使うものだからである。

「金を使い、かつ貯金する人は、もっとも幸福な人である。つまり、彼は二つの喜びを持つからだ」（サミュエル・ジョンソン／イギリスの文学者）

ネットと新聞の情報は違う

「紙の印刷物」は脳にいいのだ

私がこれまで生きてきたなかで、いちばん勉強したのは高校三年生のときである。

私は本、とくに小説が大好きで夏目漱石や芥川龍之介などをはじめ、内外を問わず、いわゆる文学全集に集められるような作品を片っ端から読んでいた。

宮沢賢治の作品もよく読んだ。彼が理想郷として描いた「イーハトーヴ」に思いを馳せ、夢中になって彼の作品を読んだ時期もある。つねに、私の傍らには本があった。いわゆる文学青年だったのかもしれない。

当然、大学は文学部に進むつもりだった。ところが、それを知った父が烈火のごとく怒った。「大の男を文学野郎にするために、学校に行かせているわけじゃない。経済学部でなければ、学費は出さん！」

当時、脱サラして小規模ながら会社を経営していた父も、経済学部の出身だった。その怒りに抗《あらが》うことができず、私は進路の修正を余儀なくされた。だが、そのときの私の成績では、経済学部へ進むことは不可能。私は懸命に勉強した。その甲斐あって、ようやく経済学部への進学を果たしたが、本好きの性格は変わらなかった。純文学、大衆小説、ミステリー、何でもござれの日々だった。

そんな大学時代だったから、就職先もマスコミ志望。通信社を経て、新聞社にもぐり込んだ。どうしても活字の世界で食べていきたかったからである。その延長線上に、いまの仕事があるといっていい。

ところで、昨今はスマホやパソコンなどで得る情報がほとんど中心になっている。さらに電子書籍の普及に伴って、新聞、雑誌、書籍などの紙媒体離れも指摘されている。

「ネットがあるから、新聞はとらない」

「読みたい本は電子書籍で探す」

何の疑問も持たず、こう発言する人もいる。さすがに、仕事でつきあいのある出版社の人間の口からこういう言葉は出てこないが、話していると「この人、新聞をとっていないな」と思わせる人間は少なからずいる。つまり宅配で新聞を読んでいないのだ。私には信じられない。

「本を読みなさい。新聞を読みなさい」

私は著書の中で、たびたびそう述べている。すると、メールやネット上の書評欄で反論をいただく。

「新聞は信じられない。政治欄などは本当のことを書かない」

そんな意見だ。たしかに、新聞に書かれたことがすべて真実だとは私も思っていない。だが、だからといって、世の中で生きていく人間にとって新聞は「不必要」だろうか。私はそうは思わない。記事の信憑性を疑う向きは、そういう角度で読めばいい。第一、私は「新聞を読みなさい」とはいうが「信じなさい」とはいっていない。

その長所を挙げてみよう。

●毎日自宅に届けられる
●政治、経済、文化、社会、スポーツほか幅広いジャンルの情報が得られる
●広告の中にも役立つ情報がある
●簡単に前後をめくり直して確認できる

朝日、読売、毎日、日経は夕刊も読むことができる。それもわずか一カ月四千円前後で手に入れられる。きわめて優れた総合的情報源ではないか。

総合的ジャンルの情報を目に入れる↓情報を選ぶ↓情報を咀嚼《そしゃく》する↓自分なりの考えを持つ↓生活に役立てる

そして仕事柄、私が大切にしたいのが「紙の手触り」だ。これは、ネットにはないものである。「手触りなんて関係ない」という意見の人もいるだろう。だが、私はそうは思わない。

目で見て↓触って↓めくって↓読んで↓考える

このプロセスは情報を摂取するうえで、とても意味のあることだと思う。曲がったり、よじれたりする紙面を指で直したり、めくってみたりしながら読んでいくうちに、自分の記憶や想像力が働きはじめる。私はそれを実感する。インターネットでただキーボードを操作したり、マウスをクリックするオートマティカルな作業とは違った、ある種の「ムダな動き」が頭脳の働きをよくするのではないかと思う。

紙に触って、めくって、めくり直してという行為は、雑誌や本にも共通する。これは、ネット情報や電子書籍での読書とはひと味もふた味も違う。

言語脳科学が専門で、脳のためには紙の本を読むことが大切だと説く酒井邦嘉東京大学教授は、こんなことをいっている。

「紙の本なら、ハードカバーの学術書と実用書は見ただけでわかるのに、電子書籍やネットではどんな格調高い文章もそうでないものも、同じように画面に出てしまいます。そうなると、情報の価値や我々の受容の仕方にミスマッチが生じます。インクや装丁で五感に訴えてくる紙の本での読書の楽しみを味わうこともできません」（読売新聞　二〇一二年六月十八日付）

酒井教授は「五感に訴える」ことの重要性を指摘しているのだ。さらに、子どもと教科書の関係を例にとりながら、続ける。

「子どもの記憶力は柔軟でたくさんのことを吸収できます。……教科書に書き込んだり、ノートに書き写したりする作業を通じて、考え、覚えていくのです。便利な機械ができたからといって、ぱっと見ただけで覚えられるわけではありません。情報を得ることと『わかる』ことは全く違います。『知っている』ことと、説明できることは違うのです」

引用が長くなったが、私が感じてきた本、新聞、雑誌という紙媒体の有用性を実にわかりやすく解説している。

もちろん、インターネットから得る情報や電子書籍が劣っているというつもりはない。だが、やはり本や新聞、雑誌というツールの優れた面を認識し活用したうえで、インターネット情報や電子書籍とつきあうべきではないかといいたいのだ。

「自転車と自動車、あるいはシェフのいる料理店とファミリーレストランのように、使い分けるべきものです」

酒井教授はこう結んでいるが、まったく同感である。

最後に、私自身、読者からのメールは歓迎しており、相談にはできるかぎり返信している。ブログも開設しているし、メールマガジンの配信も始めた。

要はどちらが優れているかではなく、使い分けが大切ということだ。紙の活字を忘れていい理由はどこにもない。

まず等身大の自分を知ること

二十代の転職、独立の条件は何なのか

「よほどのことがないかぎり、会社を辞めてはいけない」

私は、いくつかの著作の中でそう主張してきた。だが、この主張には大きな「ただし」がつく。それは「四十代、五十代以後の転職は要注意」「二十代なら、最低三年くらいは入社した会社でやってみる」――こういう条件である。

四十代、五十代での転職は、自分にきわめて特別な技術があって、ヘッドハンティングでの転職や独立でも、間違いなくうまくいくという確信がなければやめたほうがいい。

なぜなら、会社という存在は生活面を考えると、とりあえず一定の保障をしてくれるが、これを四十代、五十代で失うのはかなり危険なことだからだ。とかく長い間同じ会社で働いていると、他社にはない自分の会社の長所や利点を忘れてしまいがちだ。そこに落とし穴がある。

会社に勤めて自信を持つようになると、「俺はこんなに働いているのに、給与は安いのではないか」とか「なぜ、あんな無能な男が出世するのか」など不満が募る。そして、自分自身の期待値ばかりが膨らんで甘く考えてしまう。だが、いざ転職してみると、環境や人間関係、仕事の進め方などで、想像以上にギャップを感じて挫折してしまうことが少なくないのだ。

仕事においての「変化の振り幅」はかぎられている。つまり大変身は難しい。傍で見ているほど「あっちの水は甘くない」のである。

加えて、四十代、五十代は背負っているものが多い。迂闊《うかつ》な選択での失敗は、取り返しのつかない結果を招きかねないということを肝に銘じるべきだ。

だが、いま二十代の人間なら、そのうちの転職や独立を考えてもいいだろう。グローバルな規模での経済の低迷、それに伴う企業の再編などを考えると、これからは誰もが終身雇用制に寄りかかって生きていけるような時代ではない。

二十代や三十代ならば、これから十年後、二十年後を見据えて、転職や独立を積極的に考える生き方もいい。

ただし、この選択を成功させるためには五つの条件がある。

●誰にも負けないスキルを持っているか
●一からやり直すことができるか
●自分に協力してくれる人間関係を持っているか
●家庭、家族の理解は得られているか、犠牲にしていないか
●失敗を悔やまない覚悟があるか
　これらの検証だけは、ある程度しておかなくてはならない。

　もちろん、人生の成功は数学や物理とは違う。正解が得られないからといって、一生考えつづけるわけにはいかない。ある程度の冷静な計算をしたうえで、最後は「えい、やーっ」と飛んでみることも必要だ。

　つまり、人生の正解は見つけるものではなく「自分でつくるもの」なのだ。このことを知ったうえでのチャレンジなら、私は応援したいと思う。

　昨今、転職や独立の前提はかつてとは大きく違ってきている。私自身は自ら四十代前半で独立したが、現在は、倒産や買収、リストラなど、選択の余地のない転職や独立が多い。この傾向はさらに強まるだろう。つまり、せざるを得ない立場に追い込まれるケースも少なくないのだ。

だが二十代の人には、クビになるとか、あるいはうつに陥るとか、身の危険を感じるとか、想像を絶する劣悪な条件のひどい会社でないかぎり、最低三年間はいまのところで我慢しなさいといいたい。

とにかく、そこで仕事のイロハを覚え、自分のスキルを向上させ、人間関係の築き方を覚え、人脈をつくる。そのために三年間という時間が必要なのである。そうすれば、自分の能力やスキルが転職や独立にも耐えうるものであるかどうか、ある程度わかってくる。これが大切なのだ。

つまりは「答えのつくり方」がわかってくるということ。

私のビジネスパートナーにも転職組は多い。そういう人間と仕事をしてみて感じることがある。たとえば、待遇や人間関係などの面で、かなり劣悪な条件の会社でも、三年くらいは誠実に一生懸命に仕事をこなして成果を上げてきた人間は、間違いなく転身後も成功している。キャリアアップである。

逆に、どんなに一流の会社に在籍していたとしても、ただその環境に流されてきたような人間は、正直なところ、転職しても独立しても使い物にならない人間が多い。こちらは、どんどんキャリアダウンしていく。

もし、二十代で転職や独立を考えるなら、いまいる会社を予備校とか職業訓練校などと位置づけてみてもいい。それも給料をもらいながらである。不平や不満は我慢する。そこで、先に挙げた五つの条件をクリアするべくスキルアップし、実力をつける。

そうすれば、次のステップへの合格通知も待っているだろう。

第4章

20代から人間関係で、伸びる人、伸びない人

「佇まい」はいつも清潔に

さわやかでないのは不作法でもある

子どもというのは、ときに天才詩人のような言葉を口にする。理屈以前の感性でドキリとするようなことをいう。そして、それが見事な警句として大人の胸に突き刺さることがある。

ある日の出勤時のこと。電車の席に座り、手帳を開いてその日のスケジュールを確認していた。

「ねえママ、あのおじさん、頭がヘンね」

隣の席で四歳くらいの女の子が小声でいった。何かと思って前の座席に目を向ける。二十代の男性が、だらしなくうたた寝していた。たしかに頭がグシャグシャしている。流行りのソフトモヒカンのようだが、天辺のトサカが倒れ、サイドの髪もあっちこっち跳ねている。それがワックスでテカテカになっている。

女の子がいうように、かなり「ヘン」である。ソフトモヒカンというヘアスタイルは知っているが、ビジネスマンではないだろう。

装いも見るからに、だらしがない。スーツはいちおう流行の細身で、ジャケットの丈は短く、靴もかなりとんがっている。だが、ジャケットもパンツもしわが目立ち、靴も磨いているとはいいがたい。シャツもヨレている。

無精ひげをはやし、顔も何となく脂ぎっている。ひと言でいえば、不潔感いっぱいなのだ。さわやかな朝に、できれば目に入れたくない風体の若者である。朝帰りならまだしも、もし、これから会社なり取引先にでも行こうというなら、女の子がいった「頭がヘン」は、別の意味にもとれてしまう。

仕事に好き嫌いは持ち込まないことにしているが、最初から、どうもやる気がそがれてしまうのが不潔っぽい人間だ。電車の中の若者はまさにこれだ。

「一時間早く起きて、きちんと支度をして出てきなさい」

といいたい。

「さわやかな佇まい」というのは、ビジネスマンの必須条件ではないかと思う。何となく不潔っぽい人間、男でも女でも、そんな人間とは一緒に仕事をしたくない。それは「礼儀作法がなっていない」ことにも通じるのではないか。

いつ、どこで、どんな人と会うかもしれない。そんなとき、不潔さを感じさせるようでは、最初から人間関係はマイナスになる。

そんな若者が、私は嫌いだ。こればかりは理屈以前に、ビジネスの相手としては受け入れがたい。

「大多数の若者は、その不躾さと無作法を天真爛漫《らんまん》のつもりでいる」

鋭い人間観察をもとに書かれた『箴言《しんげん》集』で有名なラ・ロシュフーコーの言葉である。ルーズなこと、デリカシーの欠如は、天真爛漫とは無関係だ。さわやかでない佇まいは不躾さ、無作法そのものである。

最近は男性にかぎらず、そういいたくなる人間が目につく。出勤の電車の中で化粧をする二十代の女性などもそうだ。そんな女性たちにも「眠いのはわかるが、一時間早く起きれば、シャワーを浴び、きちんと化粧もして出勤できるのに……」といいたくなる。

二十代ばかりではなく、三十代、四十代の女性でも、電車の中で夢中になって化粧しているのをよく見かける。

ある日などは、優先席で四十代後半の女性が次々と化粧道具を出して、マツゲをカールしたり、延々と十分近くも化け作業をやっていた。その隣では次の駅で乗ってきた六十代と思える男性が、なんと、やおらバッグの中から歯ブラシを取り出して、歯を磨きはじめたのだ。

私はこんな二人を真正面に見た。何の光景かと思わず目を疑った。「みっともないこと」を人前で平気でやる人間が、なんと増えたことか。「恥の文化」といわれた日本人の恥は、もうとっくになくなったのだろうか。かつて、人前で化粧をするのは、娼婦だけだといわれたことを知らないのか。

礼節を欠く人間は、仕事の進め方もどこか中途半端である。「約束の時間に少し遅れる」「約束した資料が少し足りない」「頼んでおいた調べものが少し抜けている」――これは持ち前のルーズさとデリカシーの欠如がなせる業《わざ》なのである。

彼らは本来、社会人として持つべき「きちんとする」という「律」をどこかに置いてきてしまったのである。律とは、法律ではないが、己に課した規則の意味でもある。「これこれ、こういうことだけは絶対にしない」など、自分なりの規則を持っているかどうか。それが一人の人間としての存在感にもなる。大人なら自分の「律」を持っているはずだ。

「律」もなく、ただ「メシを食って、クソして寝るだけ」の人間は動物と同じ。もっとも希少価値のある珍しい動物なら、動物園の檻に陳列でもすれば入場料を稼げるかもしれないが。

つねにオシャレを心がける

「外見」はコミュニケーションそのもの

最近の若い世代は、昔と比べものにならないほどオシャレになった。それだけに、ファッションセンスが欠けていたり、無頓着《むとんちゃく》だったりすると、ひときわ目立ってしまう。

「大切なのはお客さんの第一印象。入り口が勝負です。見た目は大切なんです」

あるＰＲ会社で営業部の課長を務める知人が、そう断言する。彼自身、この判断を間違えて、有望な客を取り逃がした経験があるのだという。

「頭はキレると社内では評価の高い部下だったんですが、何というか、見た目にキレがないというか、やぼったいというか。その部下の担当で、海外のアパレルブランドを扱う商社の仕事でライバル会社に負けてしまいました」

そのクライアントの担当者に選考経過を尋ねたところ、提案したＰＲプランは甲乙つけがたかったが、決定権を持つ女性部長がライバル会社を指名したのだという。

「うちはアパレルがメインよ。お客さまがたくさんいらっしゃる展示会のことを考えたら……」

その女性部長のひと言が決め手だったらしい。各シーズンの新作展示会を仕切るのも、PR会社の仕事である。プランの優劣よりも、その女性部長の第一印象が決定的だったのである。担当者の外見のやぼったさが致命傷だったようだ

アルバート・メラビアンというアメリカの心理学者がいる。彼が提唱した法則に「3Vの法則」がある。コミュニケーションの際に、送り手のメッセージがどう伝わるかという研究の結果、彼が発表した法則である。

それによると、言語情報＝VERBAL（ヴァーバル）、聴覚情報＝VOCAL、視覚情報＝VISUALの三つの「V」のうち、視覚情報が五五％を占めるというのである。半分以上だ。それに対して、言語情報はわずか七％、聴覚情報も三八％にすぎなかったという。この数値から「7―38―55のルール」とも呼ばれる。

ひと言でいえば、「外見が、言葉の意味や音よりも影響がある」と解釈できる。言語＝VERBAL以外のコミュニケーションは、非言語＝NONVERBAL（ノンヴァーバル）コミュニケーションと呼ばれるが、これは表情や立ち居振る舞い、そして服装などが

重要な要素を占める。

初対面の人間と会うとき、相手はどんなことに心を動かされるのか。それを考えてみると、見た目はとても重要ということだ。そういえば『人は見た目が９割』（新潮社）という本もあった。

ビジネスパートナーという存在は、ある意味、実に表面的な関係である。時間をかけて、人間性の奥まで見つめ合う間柄ではない。まったく必要ないとはいえないが、相手がいかに有意義な話をするか、いかに優しいか、いかに人間性に富んでいるかなどは、知り合う過程でわかってくるものである。

では、その見た目、つまり「外見の演出」をどうやって磨けばいいか。

オシャレのセンスは、小さなころからオシャレに関心があったかどうかが大きなカギを握る。テレビを見たり、雑誌を見たり、「あんな服が着てみたい」というような生き方をしてきたかどうか。とはいうものの、生まれつきがすべてではない。では、どうするか。

●オシャレのセンスのいい人間を観察する
●センスのいい友人に相談する
●センスのいい店員にアドバイスを受ける

まずは、街を歩いていると「あの人、カッコイイな。感じいいな」と思うことは誰にでもあるだろう。この「気づき」を大切にする。そう思わせる要素のほとんどが、その人の服装のセンスのよさであることがわかる。

次にセンスのいい友人に尋ねるのもいい。同性、異性を問わず、オシャレのセンスのいい人は「教えて」といえば、オシャレに関しての質問には喜んで答えてくれるはず。オシャレが大好きだからである。

そして最後は、ショップの店員。ただし、ショップの店員でも、なかには「あれでいいんだろうか」と思わせるファッションセンスの持ち主もいるから要注意。やはり「カッコイイな」と思わせる店員に尋ねること。

あれこれ迷わず、的確な返事が返ってくる店員がいい。「その色より、お客さまにはこの色のほうが……」というアドバイスをしてくれる店員なら、なおいい。何でも褒める店員はダメだ。とにかく褒めて買わせることしか考えてないからである。

私のオフィスは渋谷の外れにあるのだが、駅前まで出かけると、ときに若い女性に人気の「１０９」ものぞくことがある。若い女性店員やお客を眺めているだけで実に楽しいのだが、「今年はこんな色が流行なのか」とか「こんなパンツが人気なのか」などと、情報収集もできる。

ファッションに対しての「気づき」を大切にしていると、知らず知らずのうちにセンスが磨かれてくることは間違いない。

「自分がどんな見た目をしているか」

人とのつきあいでは、実に重要なポイントである。

「人間は中味だ」

よくいわれることだが、「中味」とは何だろう。

「人間性とか、知性とか、優しさとか……」

誰かに尋ねてみると、おおよそ、そんな答えが返ってくる。異存はないが、「だから、外見は二の次」と主張されると、私は「ＮＯ」といいたくなる。身なりに気をつけていると、立ち居振る舞いも自然と正されてくる。仕立てのいいスーツを着こなしていれば、下品な行為もできないというわけだ。

二十代で、すでに見た目で相手にされないようでは、仕事でもプライベートでもうまくいくわけがない。オシャレをすれば、人は街へ出かけたくなるし、人に会いたくもなる。オシャレで男も女も磨かれるのだ。

それも「可もなく不可もなく」ではなく、「カッコいい」「センスがいい」と好感を持たれるほうがいいのは当然のことである。

ときには「武装」して人に会う

ここは！　という「勝負服」を持ちなさい

「勝負下着」という言葉がある。主に女性用だが、「今日は本命とデート」というときに着用するらしい。男という動物は、多かれ少なかれ、「下着フェチ」の要素を持っていると思う。その特性に訴えようということなのだろう。女性の下着に興味のない男性はいないはずだ。

駅地下のショッピング街などを歩いていると、女性用のインナーショップのディスプレイに思わずドキリとすることがある。もちろん、いつもそういうわけではないが、男子たるもの誰もが経験することだろう。男の情熱を左右するアイテムであることは間違いないかもしれない。

そんな話はさておき、男性も女性も、仕事では「勝負服」を最低一着は持っていたほうがいいと私は思う。

最近では、男性用、女性用を問わず、ビジネスウェアのショップが多くなった。とくに男性用は、このところ急激に増えたチェーンの専門ショップばかりか、大手デパートもビジネスウェアに力を入れている。至るところで、「スーツ二着で二万九千八百円」といったセールが盛んだ。

私が新聞記者をしていたころは、一カ月以上、毎日同じスーツを着て出社してくるような猛者《もさ》もいたが、それは昔の話。現代では、一人前の勤め人なら、いつも同じスーツの「着たきりスズメ」はほとんどいないだろう。もしいたとしたら、それはちょっとみっともない。ましてや、女性の場合は論外だ。

さて、ここでいいたいのは「とっておきの勝負服を持ちなさい」ということだ。

人間の気持ちというのは実に不思議で、自分が身につけているもので「気構え」がかなり違ってくる。

「今日のスーツ、ちょっとやぼったいかな？」

「上着とシャツの色がミスマッチ」

「このスーツ、体のサイズに合っていない」

「何かが違う……」。こんな経験は誰にもあるはずだが、そんなときは仕事でもプライベートでも、人に会うのにちょっと「気後れ」してしまうものだ。それでも、なじみの相手と会うとか、社内でデスクワークだけという日なら、まあ、問題はない。「スーツがダサいから、取引は中止」とか「シャツの色がおかしいから、今日の打ち合わせはナシ」などということはありえない。

だが、ビジネスシーンでは「特別な相手」「特別な商談」「特別な交渉」というものがときにある。そんなときは「特別な一着」で武装して臨むべきだろう。「勝負服」の出番である。

もちろん「勝負服」の見た目のよさが、相手に好印象を与えるというメリットもあるが、自分はいいモノを着ているという自信が芽生える心理面のメリットも大きい。「勝負服」にはそんな効用がある。「勝負下着」も同様だろう。

「できればシーズンごとに勝負服を一着持ちなさい」

私はそうすすめたい。

「そんなお金が、どこにある?」

という声が聞こえてきそうだ。

だが、私がいっているのは、直輸入の超高価なブランドスーツを持ちなさいということとではない。自分がちょっと背伸びしたランクでいいのだ。同僚と何となく飲みに行く回数を一回か二回減らすとか、調子に乗ってタクシーで帰宅といった浪費を抑えるくらいの背伸びでいい。

①ライセンス生産の一流ブランド

②オーダー・スーツ

まずは、このいずれかにチャレンジだ。

体型的に、いわゆる「吊るし」でもジャストフィットする人なら①でいいが、どこかしっくりしないというのであれば、②に挑戦してほしい。

ただ、いい素材でフルオーダーとなると、かなりの出費を覚悟しなければならない。そこで推薦したいのが「パターン・オーダー」である。昨今、スーツやシャツのパターン・オーダーを売りにしている専門ショップが増えている。もちろん、百貨店にもある。

ご存じの人も多いと思うが、パターン・オーダーは、いくつかの体型の型紙パターンがあらかじめ用意されていて、採寸したその客の体型にいちばん合ったパターンを選び、そのパターンをベースにさらに調整して仕立てていく。

フルオーダーとまではいかなくても、そのフィット感は「吊るし」とはひと味もふた味も違う。何よりも、スーツ、シャツともに好きな柄、好きな素材の生地、好きなデザインを選べるのがいい。

人間の体は、どんなに標準型といわれている人でも、それぞれどこかに違いはある。「右袖が左袖より五ミリ長い」「ウエストが七ミリ太い」「首回りが五ミリ細い」など、自分固有のサイズがある。これをきちんと補正してもらうだけで、ジャストサイズのものができあがる。

とくにそのフィット感を実感するのは、スーツよりもシャツだ。ジャストサイズのシャツを着ると、同じジャケットであっても着心地がまるで異なる。スーツの見栄えも違う。

それにうれしいのは、スーツであればセンターベンツ、サイドベンツ、ノーベンツと選べるし、裏地やポケット、ボタンはもちろん、パンツのタック、ベルトのループなどなど、自分の好きなセレクトができる。シャツももちろんだ。まさに、この世に一着しかない服である。

シャツでも七千～一万円、スーツで四万～六万円くらいの予算で、クオリティ面でも納得できるものが手に入る。いつもスーツ二着でいくらのセール商品ばかりでは寂しすぎるだろう。

ビジネスマンなら、ここぞという舞台では「特別の勝負服」に身を包めば、それなりの自信も出てくるものだ。もしかすると、期待以上の成果が得られるかもしれない。たかが服とバカにしてはいけない。「馬子にも衣装」はそれなりに効果があるのだ。

異性を愛する心を忘れない

生身の恋をもっとしなさい

二十代の若い人たちとの飲み会などのとき、「もっと恋をしろ」「女に惚《ほ》れろ」とハッパをかけるのだが、反応は驚くほど鈍い。

「恋の力は、身をもって恋を経験するときでなければわからない」

そういったのはフランスの作家アベ・プレヴォだ。恋愛小説の古典的名作『マノン・レスコー』の著者である。あの映画のラストシーンは強烈だった。息絶えたマノンの両足首を両手で握って背中にぶら下げ、砂漠の中をあてどなく歩いていく……。そんな場面だったと記憶している。

たしかに恋の経験がない人に、恋の素晴らしさを説いたところで意味はないかもしれない。事実、二〇一四年に行ったある調査によれば、「二十代男性の約四割は異性とつきあったことがない」のだという。私にいわせれば、責任の大半は男たちの側にある。

男性化粧品『ＡＸＥ』を販売しているユニリーバ・ジャパンが二〇一一年に行った調査でも、それを証明している。「相手がＯＫしてくれる確率が何％以上だと確信を持ったら、告白しようと思いますか？」という問いに対して、九割の男性が「半分以上」と答えているのである。

つまり、成功の確率が五割以上でなければ意思表示はしないということ。しかも、七割以上の確率がなければ告白しないと答えた男性が、全体の七割近くもいる。

「勝てる保証が七割以上なければ、恋の戦には挑みません」

ということである。

「草食系」などという何だかよくわからない言葉が流行るくらいだ。何をもって成功の確率というのかもわからないが、ちょっと、だらしなくはないか。

それに対して、女性はもっと積極的だ。「意識しなかった男性でも、告白されたらつきあうこともあると思いますか（もしくは、つきあった経験はありますか？）」という問いに対して、「思う（ある）」と答えた女性は、全体の五五％で過半数を超えているのだ。これでも世の男性の多くは女性にアプローチできないらしい。

女性との交際は断られたときから始まるといってもいいくらいなのに、断られることを恐れていたのでは何も進展しない。困ったことである。

さらに、告白できない男性のその理由が、ちょっと情けない。

「相手の気持ちがわからないから」「自分に自信がないから」「振られたくないから」「言葉でいうのが照れくさいから」が上位を占める。そして、「つきあわなくてもいいから」「相手にいわせたいから」といった、にわかに信じられない理由が続く。何のために生きているのだろう。

つまり「自信がない→女性にアプローチできない」ということらしい。

もし、あなたがこんなスタンスで、女性へのアプローチをためらっているのなら、「若さがもったいない」「生身の恋愛をしなさい！」「失恋しても死ぬことはない」といいたい。

それにもかかわらず、恋愛に消極的な人間は、取ってつけたような理由をつける。

①つきあいはじめたら電話やメールをしなきゃいけない

②デートにお金がかかる

③結婚を持ち出される

④性的なことはＡＶや風俗でこと足りる

一方、女性なら、

①ほかにやりたいことがある
②ツイッターやメールでつきあえばいい
③トラブルがイヤ
といった理由だ。だが、それは本心なのだろうか。

私はそれを「ごまかし」だといいたい。生身の恋愛に消極的な男女に共通しているのは、現在の自分の環境、境遇にほぼ満足していて、それを維持したい。現状を壊されること、自分が傷つくことへの警戒心の強さである。この警戒心の強さゆえに、生身の恋愛を経験したいという思いを無理に封じ込めているのだ。

何事も人生の決断、実行に必ずリスクはつきものである。恋愛であれ、仕事であれ、リスク回避だけを考えていたら、達成感を味わうことも、人間として成長することもできない。まして、恋愛は人生に喜びと潤いを与えてくれるものだ。自分が惚れた女と関係ができて、二人ともアツアツになって離れがたいなんて、人生の醍醐味ではないか。

先の調査で注目すべき結果も出ている。

「告白して振られて、『告白しなければよかった』と後悔したことがありますか?」という問いに対して、約八割は「ない」と答えているのだ。フラれても後悔していないのだ。

リスクを取りにいった人のほとんどが、結果を受け入れているのである。恋愛はこれでいいのだ。いや、こうあるべきだろう。

「情熱をもって恋したことのない人間には、人生の半分、それももっとも美しいほうの半分が隠されている」

これは、不朽の名作『赤と黒』を書いたフランスの作家スタンダールの『恋愛論』の一節。私の好きな作家の一人である。

彼の墓碑銘にはこんな言葉が刻まれている。

「生きた、書いた、愛した」

異性とは軽い接し方でいい

さりげなく、ついでに始めるとうまくいく

「男と交際しない女は少しずつ色あせる。女と交際しない男は少しずつバカになる」

ロシアの文豪チェーホフの言葉だ。色あせるのもバカになるのも、人それぞれの自由だが、私は異性との交際を人生の大きな楽しみとしてとらえている。

恋愛において「精神的、肉体的な快感」「恋を成就させたときの達成感」は、何物にも代えがたいほどの喜びだ。恋愛に夢中になっているときは、見るものすべてバラ色だし、仕事でも思いもかけぬ原動力になる。

昨今のカップルはデート代を割り勘にすることに、男女ともに抵抗感はないようだ。ホテル代も例外ではないという。私の年代では、デート代はおおむね男が払うものだった。時代が違うといわれればそれまでだが、デートに積極的だった私などは、必然的にお金がかかることになる。

それまで以上にオシャレにも気を使うし、何の映画を見ようか、どこで食事をしようか、どこに遊びに行こうか、さらにはどのホテルにしようかなどといろいろ考える。デートを充実させて相手に喜んでもらおうとすれば、当然、お金は必要だ。

だからこそ「稼げる男になってやる」と、がむしゃらに働いた。アルバイトにも精を出した。雑誌の原稿、ライター、コマーシャルソングの作詞などなど。一般の会社と違って、新聞社というところはおおむね社員のアルバイトに関しては寛容だ。そうして得たお金のほとんどは、洋服とデート代に消えた。

そうしてがんばって稼いだぶん、いろいろな恋を経験した。幸せな恋愛映画のような恋もあったし、いま思い出しても赤面してしまう恋もたくさん経験した。まさに高い授業料を払ったものだが、いささかも後悔はしていない。

いま、恋愛ができない、恋が長続きしない若者が増えている。だが、そんな人たちには共通の特徴がある。

●失敗が怖い

●傷つくのが怖い

考えすぎて、臆病になっているようだ。空振りしたくないばかりに、バットを振らないバッターのようなものである。相手が打ってほしいと投げてくるボールさえ打てない。なぜなら、怖いからである。

タレントの明石家さんまさんが、そんな恋愛下手な人たちへ、ヒントになるひと言をいっていた。あるテレビ番組でのこと。さんまさんは「どうして、そんなに優しくなれるのですか」と問われて、こう答えていた。

「上っ面だけで、やっているからやないですか。それでええやないですか」

けだし名言である。

人間のつきあいの入り口は、つねに「上っ面」から始まる。誰にでも簡単に入れる「軽い入り口」があって、その先に人間関係の入り口がある。恋愛も同じだ。

恋愛下手はちょっと好意を抱いただけで、あれやこれやと考える。人によっては、妄想にまで突入してしまい、「どう誘おうか」「セックスは何回目のデートにするか」「結婚を迫られたらどうしようか」などと考えはじめる。

これでは、いざ相手に対したとき「見え見えの下心」が表情や態度に出てしまって、相手は引いてしまう。そんなことでは、かりに相手も好意を抱いたとしても「この人、何だか面倒くさい」と冷めてしまうだろう。

女子にも下心がないわけではない。ただ乙女心は複雑だから、うまくすくい上げてほしいと思っている。スマートに誘ってほしいのだ。ちなみにデートの割り勘も、小銭にはこだわらないなどスマートに払ってほしいと、実は思っている。

だから緊張したり、考えすぎないためにも、とにかく、まずは軽い「上っ面」から入ってみる。そして失敗を恐れない――。恋愛上手になるコツは、この二点に尽きる。相手もまた、それを望んでいるということを忘れてはいけない。

失敗したって、相手を変えて再挑戦すればいいだけの話ではないか。

首尾よく成功すれば、恋愛関係に発展して、さらには結婚、家庭生活ということになるかもしれない。そうなれば、望まずとも必ず「重いもの」を背負うことになる。だから入り口くらいは軽いほうがいいのだ。

素顔で向き合えるか

結婚相手はこうして選びなさい

「結婚前に同棲《どうせい》しなさい」

私は、若い世代にそんな提案をしてきた。そのほうが、ムダな夫婦ゲンカや離婚を回避できるからだ。同棲が無理なら、ちょっと長めの旅行を何回か繰り返すとか、あるいは「通い婚」のような時間を持つことをすすめたい。

男女の関係というものは実に不思議で、好きになったり嫌いになったりするきっかけはささいなことが多い。ものの考え方、主義主張といった理屈で片づけられる要素だけで、愛し合ったりするものではない。たとえ一時はそんなことで愛し合うことができても、長く続くとはかぎらない。結婚という共同生活を長く続けていくためには、別の要素が必要になる。

●許せない習慣を持っていない

●気になるクセがない

この二つのポイントは大きいだろう。激しく燃える恋で始まっても、結婚生活では燃えつづけてばかりはいられない。生活という「平熱の時間」を二人で快適に過ごせるかどうかが、重要なのだ。

許せない習慣とはどんなことか。たとえば、実家の自慢ばかりする、料理の味が気に入らない、神経質なほどにきれい好き、あるいは、その逆で掃除が嫌いで部屋の中は散らかしっぱなし、さらに寝起きが悪いなどなど。挙げればきりがないが、相手にどうしても許せない習慣があれば、結婚生活は長続きはしないだろう。

また、最初から気になるクセも同様。ものの食べ方、貧乏ゆすり、口グセ、寝相、あるいはセックスの嗜好……。意識的にそうしているわけではないし、相手に対して悪気があってのことでもない。だが、ささいなことと割り切るには難しいし、気になったら最後、不快な感情を忘れることはできない。

いずれもどちらが正しいとか、間違っているなどの問題ではない。人によっては許せるし、気にならないことでも、自分にとっては大問題ということはある。これらは理屈ではない。要は自分の好み、そしてお互いの相性としかいいようのないレベルの話だ。ある女性のオナラは可愛いが、別の女性のオナラは許せないということは十分にありえるだろう。

もちろん、恋愛のきっかけは、ルックスや性格など相手に対する好意であることは間違いない。だが結婚して、その生活を長く続けるためには、相手に対する嫌悪感が芽生えないことのほうが重要になる。

「空気のような人がいい」

結婚相手の理想のタイプとして、そんなことをいう女性を私は知っているが、結婚生活の本質をついた言葉だと思う。日常生活において、空気をとりたてて美味しく感じることはないが、空気がなければ生きてはいけない。彼女のいい分には一理ある。

「あばたもエクボ」とは、好きになってしまうと欠点も長所に見えることをいうが、逆に最初は「あれっ?」としか思わなかった習慣やクセが、大きな欠点に見えてくることもある。それが男女の関係というものだ。

だからこそ「練習試合」をすすめたい。

一緒に暮らしたり、旅行などで長い時間をともに過ごすということは、いわば練習試合である。お互いの二十四時間の日常を見せ合うことにほかならない。その時間のなかで、さらなるチャームポイントを確認し合うのは当然のことだが、どうしても譲れない部分はないか、嫌悪感を抱かせるような習慣やクセを持っていないかを確認することができる。そんな欠点が見つかったとしても結婚したいなら、結婚前に修正し合うことも可能だ。ダメなら、それはそれで仕方がない。「こんな人とは思わなかった」が結婚前にわかる。

そして、この練習試合のメリットは、少なくとも「公式記録」には残らないということ。期待に胸を膨らませて観戦する家族や親戚の目もない。同棲が無理だというなら、何回か一緒に少々長い旅行をしてみることで、失敗しないパートナー選びができるはずだ。

「女が一人でいるとき、どんなふうに過ごしているかを男たちが知ったとしたら、男たちは決して結婚なんかしないだろう」

短編小説の名手と呼ばれたアメリカの小説家O・ヘンリーの言葉だ。この教えは、男性ばかりか、女性にも通じる。同棲や旅行という時間のなかでは、朝、昼、夜の相手の素顔が見えてくる。O・ヘンリーのように、誰もが幻滅してしまうわけではない。習慣もクセも含めて、素顔を愛せる関係が見つかることもある。

つまるところ、結婚生活とは、素顔同士のつきあいなのである。

社内不倫関係はバレバレなのだ

婚外恋愛は「アウェイ限定」にする

二十代、三十代は、いわゆる三大欲求のうち食欲と性欲が旺盛な年代。若い人たちには、ぜひ充実したセックスライフを送ってもらいたい。

とはいえ、男女の関係はいろいろと複雑。独身同士や夫婦のセックスライフばかりではない。カップルの両方、あるいはいずれかが結婚しているのに、伴侶以外の異性との性関係が生じることもある。世にいう「不倫」である。統計にはないが、携帯やスマホの普及以来、不倫が急増したのではないかと思う。

「不倫をするならささやかな美学をもたなくてはならない。あまり取り乱すのは見苦しい。お互いにとって一番メリットのある不倫は、男も女も結婚しているパターンである」（『美女入門』角川文庫）

作家の林真理子さんはこんなことも述べている。私も同感だ。お互いが家庭を壊さないことを前提につきあうならば、まわりがとやかくいっても始まらない。

私自身、結婚ばかりが、好き合った男女の唯一のゴールだとは思っていない。結婚という選択を選ばず、恋やセックスを楽しむ関係があってもいい。

だが、手近だからといって、社内不倫だけはやめたほうがいい。お互い、あるいはどちらかが離婚を真剣に考えている関係以外は、決しておすすめしない。

ところが最近、二十代の男性でも、同じ会社で働く人妻と恋仲になるケースが多いらしい。私のまわりにもそういう男性が少なからずいるし、そういう噂《うわさ》も耳にする。ときに読者からのメールにも、そんなケースの相談が紛れ込む。真剣に悩んでいるのか、悩む自分に酔っているのかわからないから、ちょっと答えに窮するときもある。

ただいえることは、男女を問わず、人は恋をすると結婚したがる習性があるが、それと同じくらい、結婚すると恋をしたがる習性も身につけているのかもしれないということ。

当然、セックスに対して積極的な女性なら、精力的な二十代男性の魅力の前に一線を越えてしまうこともあるだろう。なかには、自分の結婚生活が破綻《はたん》しているのか、新入り男子の入社を心待ちにしている既婚猛女もいると聞くから、驚きだ。

また、二十代ですでに既婚者である男性が、独身の同僚女性や部下の女性と不倫関係になるケースもあるだろう。だが、これだけはいっておく。

「社内不倫は絶対にバレている」

あるいは、もしあなたがその当事者であるならば、すでにバレていると思っておいたほうがいい。

「あいつだけが、いい思いをして」

「仕事もろくにできないのに」

「あいつらは、パンツをはかずに社内を歩いている」

「そんな人の仕事の指示は聞きたくない」

「あの人たち、不潔！」

などなど、社内不倫に対する場外社員の感情は、おおむねこんなものだ。当人たちの耳に入らないだけだろう。

よほど親身になって当事者のことを考えてくれる人、あるいはよほどのお人好し以外は、誰一人としてすでにバレていることを教えてはくれない。だから、本人たちだけがバレていないと思っている。

もしかすると、社内ばかりか、大事な取引先の人間さえ知っていることもある。人の口に戸は立てられない。「営業部の○○さんですが……」「ああ、部長のこれ（小指）ね」「えっ！」というように、悪気はなくても二人の秘密はどんどん広がっていくもの。

となれば、社内の人間が外部の人間とコミュニケーションをとるときに、もっとも手ごろで便利な世間話になる。当事者を快く思っていないライバルにとっては、格好の追い落としの手段にもなる。

その会社で働きつづけようと考えているなら、社内不倫などいいことは一つもない。社内不倫をしているという一点だけで、プラスの評価は失われ、昇進の道は絶たれ、挙げ句の果てにケンカ両成敗で、一方は左遷、一方は退職に追い込まれるのが、よくあるケースである。

とくに二十代、三十代で精神的にも肉体的にも異性への情熱が旺盛な時期には、ちょっとしたはずみで社内不倫という落とし穴にはまりやすい。なかには男女を問わず、会社で成果を上げることなど少しも考えず、昇進もあきらめて、社内不倫を会社のリクリエーション代わりにしている人物もいる。そんなタイプと関わっては、会社での評価はガタ落ち間違いなしである。

ときに、社外である「アウェイ」での婚外恋愛はうまくいくときもあるが、社内という

「ホーム」では泥仕合のうえ、汚点だけを残してしまう結果になる。くれぐれも、ご用心を。

若いエネルギーが余っているなら、まずはふつうの恋愛にチャレンジすることをおすすめする。

飲んでも、飲まれない

「酒の流儀」をまず覚えること

「酔っ払いはみっともない」

飲兵衛の友人が、しみじみといっていた。自戒も込めての本音だろう。実際、夜の電車の中、盛り場の路地などで、まわりの迷惑など眼中にないといった様子で、大声でわめく酔っ払いがいる。たしかに、みっともない。

私は、あまり酒は強くないが、料理を美味しく食べるために、その日の気分や料理に合わせて酒をたしなむ。若いころは人並み以上にクラブに通ったが、それは酒を飲みたいというより、つきあいやホステスたちとのひとときが目当てだった。いまでも、たまに食事の後にバーやクラブに行くこともあるが、飲む酒は水割りを数杯程度である。

酒にもTPOがある。レストラン、居酒屋、蕎麦屋、バーなどでは料理に合った、あるいは店に合った飲み方がある。社会人になってから少しずつ覚えていくといいだろう。だが「酒に飲まれてはいけない」。これだけは最初から覚えておくこと。

酒については、人それぞれ考え方は違っているだろうが、一ついえることは楽しい酒であってほしいということだ。

●酔って会社や仕事の不満、愚痴をいう

●人の好き嫌いをいう

●酔って人に迷惑をかける

こういう酒飲みとだけは一緒に飲みたくない。とくにあまり酒とのつきあい方に慣れていない若い人は要注意だ。大学生の飲み方と社会人の飲み方はまったく違うことを心して欲しい。酒席での、会社や上司への不満は慎しむこと。

たいてい、飲みすぎて酒に飲まれた状態になると「ここだけの話」が多くなる。気の許せる相手ならいいが、上司、同僚、部下にかかわらず、リアルな話は禁物である。当然、彼らも酔っている。酔ってはいるが、相手が口にした会社への不満、誰それの好き嫌い、他人に知られたくない個人的な事情などは、不思議なことに覚えているもの。忘れているのは「ここだけの話」という約束だけだ。

後日、素面《しらふ》のとき、聞かれたくない人たちの前で「ここだけの話」を明かされて、恥をかくこともある。仕事にも影響する。

「いまの部署が、不満なのか？」「○○さんのこと、好きなんだって？」「××課長と相性悪いって、ホント？」などと周知の事実になってしまう。それも、だいたい大きな尾ひれがついている。

本当に自分の発言かどうかを覚えていれば否定もできるが、酔っていれば、それもあやふや。「いった、いわない」で争っても後の祭りである。以後、会社の人間関係が厄介になることもある。人事に影響を与えることもしばしばだ。

酒をたくさん飲む人を「上戸《じょうご》」。飲めない人を「下戸《げこ》」という。「笑い上戸」ならまだ許せるが、「泣き上戸」「絡み上戸」「怒り上戸」となると手に負えない。「あいつは酒グセが悪い」というレッテルを貼られれば、仕事にも差し支える。

始末に悪いのは、酒グセの悪い人というのは、他人が思うほど自分は醜態を見せていないと思っていることだ。動画にとって見せてやりたいようなバカもいる。

どちらにしても過ぎた飲酒は、ろくなことはない。

場合によっては、痴漢の濡《ぬ》れ衣《ぎぬ》を着せられたり、暴力沙汰《ざた》になることさえある。さらに電車のホームで転倒、転落などということになれば一大事である。だから、酒は適量、話題は楽しいものにかぎるのだ。

「アルコールは人間にとって最悪の敵かもしれない」

アメリカのエンターテイナーだったフランク・シナトラはそういった。こよなく酒を愛した人である。だが、その後にこうつけ加えた。

「しかし、聖書には汝の敵を愛せよと書いてある」

彼にかぎらず、酒飲みは酒についてうまいことをいうものだ。

日本では「酒のうえでのことだから……」と首をかしげたくなるような寛容さが、まかり通ることが多い。酒を飲んでのクルマの運転は厳禁。以前あった標語だが「飲んだら乗るな！　乗るなら飲むな！」である。酔っ払い運転の末の死亡事故は罪が重い。一生を棒に振ってしまうのだ。

フランク・シナトラがいうように、酒を愛するのは自由だが、酒飲みたる者、「自己責任」の重さも忘れてはならない。

「（酒は）百薬の長とはいへど、
万《よろず》の病は酒よりこそ起れ。
憂《うれへ》忘るといへど、

酔《ゑ》ひたる人ぞ、
過ぎにし憂さをも思ひ出でて泣くめる」

兼好法師の『徒然草』の一節だ。「酒は百薬の長とはいうが、すべての病気は酒がもとになっている。憂いを忘れられるとはいうが、酔った人は過去のつらい気持ちまで思い出されて泣くこともある」——そんな意味か。

ぜひ、二十代のうちに、正しい酒飲みの流儀を身につけておいてほしい。

第5章

20代から

伸びていくために、忘れてはならないこと

惻隠《そくいん》の情を忘れない

つねに相手の立場を考えているか

「現場の人たちからも、○○さんで、ぜひお願いしますということなんです。突然で大変申し訳ございませんが、よろしくお願いいたします……はい、ありがとうございます」

——何の用件なのかわからないが、傍で聞いていても、その応対が実に気持ちがいい。

私の講演会を担当してくれたことのある会社を訪ねたときのことだ。

「あなたの電話、聞いていて気持ちがいいね」

聞き耳を立てていたように思われるのもなんだが、私は素直な感想をいった。

「え？　あっ、そうですか。ありがとうございます」

キョトンとした表情で、その青年は答える。親しくしている社長に断りを入れて、その社員をちょっとお茶に誘った。仕事柄「この人はいいな」と興味を覚えた人間には、可能なかぎり話を聞かせてもらうようにしている。こちらが学ぶことも多いのだ。

この若手社員とは一度面識があった。私の講演会で受付を担当してくれたことがある。そのときも感じたのだが、佇まいが清潔で全体にさわやかな印象を受ける。それにキャリアが浅いわりには、きちんとした応対、言葉遣いが身についている。

聞けば、先ほど電話をしていた相手はクレーン車のドライバーだという。急に決まった屋外のイベント会場の設営に、クレーン車が必要になったのだ。

この場合、彼の会社は発注者であり、ドライバーは受注者。世間の力関係でいえば、彼が威張ってもおかしくはない。だが、彼の応対は違った。とにかく横柄な感じがしない。

「いえ、相手の方にはいつもお世話になっていますし、ベテランのドライバーで、私の父よりも年配の方なんです」

彼は社会人になるときに、自分の父親から三つのことを習慣にするようにいわれたという。

●仕事の相手とは誠実につきあう
●「長幼の序」を忘れない
●弱い立場の人間のことを考える

その教えを守ることを心がけているのだ。当たり前のことのように思えるが、これができる人間はそう多くはないと私は思う。ぜひ見習ってほしい三カ条だ。

そんな彼には忘れられない出来事があった。ある日のこと、仕事から帰った父親が大きなため息をついた。

「いやー、東大出のおまえくらいの年のヤツに『バカ!』って怒鳴られたよ」

小さな建設会社で現場監督をしていた父親が、寂しげな表情でそういった。珍しいことだった。ふだんは家で仕事の話をすることなどない。

発注元である大手建設会社のエリート設計士が現場を訪れ、仕事の進め方をめぐって、衆人環視の場で彼の父親を罵倒《ばとう》したというのだ。父親は下請け会社の人間である。ただ、黙って設計士の言葉を聞くしかなかったという。

「そんなヤツ、ろくなもんじゃない。気にすんなよ」

彼はそう慰めるのが精いっぱいだった。ただ、そのときの父の表情が忘れられないのだという。そして「なぜか、親父が愛おしく思えてきた」のだそうである。屈辱的な思いに耐えながら家庭を支えていた父親に対して、はじめて抱いた感情だった。

だからこそ、そんな父が教えてくれた仕事での人づきあいのルールを、彼は守っているのである。それは、私が感心したように、彼の電話の応対にも表れている。

人が働くということは厳粛なことである。自分が間違っていれば、叱責されたりすることは仕方がない。理由が正当なら受け入れなければならない。

だが、そういう場合だけとはかぎらない。相手の立場や尊厳などをいっこうに意に介さない人間もいる。生活を背負っていれば、ときに相手からの理不尽な要求を受け入れ、心ない言葉に耐えなければならないこともある。

彼は、そのことを父親の背中で学んだのだ。イヤな人間もいるけれど我慢しなければならないこともある。だが、決してイヤな思いをさせる側の人間にはなるな——。

仕事でもプライベートでも、自分の知識やスキルに自信を持つことは悪いことではない。だが過度の自信が、相手にとっては、ときに「不遜《ふそん》」に映ることがある。立場や性格によって、それに反発したり、異を唱えることのできない人間もいる。そういう他人に対するデリカシーを失くしてはいけないということだ。若いころにこれを失くしてしまったら、再び身につくことはない。

彼との会話は、それを改めて私に教えてくれた。

未来に夢を持て

昔話で自慢する人は過去の人だ

昔話が好きなのは老人ばかりと思っていたら、どうやらそうでもないらしい。

「中学受験のとき、塾の先生にさ、キミは○○校は無理だっていわれたんだけど、○○校も、××校も受かっちゃってさ……」

得意満面に大声で話している。「すごいね」とでも、まわりの人間にいわせたいのだろうか。二十代半ばだろう、そのサラリーマンのスーツの襟元には旧財閥系会社の社章が見える。打ち合わせで入った東京・丸の内の喫茶店でのこと。

同席の仲間も似たような話をしている。聞いていて、愉快な会話ではない。有名中学校だか何だか知らないが、成人男子が男同士で昼間に話すことか。

「ほかに話すことはないのか。経済の先行きとか、自分の将来とか」

そう声をかけてみたくなったが、そのまま打ち合わせの相手とその店を出た。

「どんな一流会社でも、十人のうち三人は使い物になりません。そんな人間にかぎって、不祥事でも起こさないかぎり会社は辞めない。お荷物社員三人の生涯賃金を稼ぐために、残りの七人ががんばるしかないのです」

以前に会った大手広告代理店の人事部長の言葉を思い出した。この人事部長がいう「十人のうちの三人」が、まさに彼らのような社員なのだろう。

私は昔話が好きではない。なぜなら、昔話は嘘が多くなるからである。

何かに成功したというエピソードは実際の二倍にも三倍にもなるし、失敗したエピソードは二分の一、三分の一になってしまう。つまるところ、昔話は大げさな自慢話、もしくは巧妙な弁解話になってしまうのだ。その二つは別の言葉でいえば、嘘である。私は嘘つきとは呼ばれたくない。だから、昔話はしない。

だが、誰かの昔話につきあっていると、思わず笑ってしまうことがある。聞き手の自分がその場にいなかったときの話なら「へえ、そんなもんかね」ですまされる。だが、話し手が語る昔話の現場に、実は自分もいたというときなどは、話し手のストーリーと現実があまりに違っていて笑ってしまうのである。

あなたの勤める会社にも、昔話が大好きな上司や先輩はいないだろうか。宴席などで、

「待ってました」とばかりに、かつて仕事で成功した話をしたがる人間。こういう上司や先輩の話は、よくて半分程度と心得ていたほうがいい。

私なりに、昔話が好きな人間の特徴を挙げてみよう。

●仕事で成果を上げていない
●プライベートも充実していない
●現在の生活に不満がある
●自分の将来への展望も開けていない
●夢もない
●自慢できる材料は過去にしかない（それも取るに足りないこと）

いまが充実していて、未来へのビジョンを持っている人間なら、昔話などしているヒマはない。功なり名遂げて、悠々自適のお年寄りの茶のみ話ならばいざ知らず、二十代、三十代はもちろん、現役で働いているうちは、こういうみっともないことをしてはいけない。

昔の自慢話をしたくなったら、自分は「十人のうちの三人」のお荷物に成り下がりつつあると感じたほうがいい。

「死ぬまで働く」がモットーの私としては、昔話はしてはいけないことになる。

当たり前のことなのだが、自慢話は昔のことにかぎられる。世の中に未来の自慢話をする人などいない。

人間の脳のキャパシティには限度がある。前向きに生きていこうと思うなら、過去の名声や成功は「棚卸」して捨てたほうがいい。そうしないと、新しいことにチャレンジする気持ち、これまでの自分になかった発想、あるいはこれまで以上にポジティブな考え方などの居場所がなくなる。

アメリカでは、ノーベル賞学者でも有効期限は五年くらいのもので、その後もかくたる業績を上げなければ「過去の人」になってしまうという。相手にされなくなるのだ。いつまでも過去のノーベル賞が通用するのは、日本くらいだろう。大学教授を定年で辞めれば、教授の上に「名誉」がつくのと同じかもしれない。

若いころは、小さな成功を積み重ねて自信とするのは大切なことだ。だが、それは人様に自慢することではない。ただし同じ昔話でも、自分の失敗談を披露することで相手の悩みを解決してあげたり、同じ失敗を回避させるヒントになるなら、それはいい昔話ということになる。くれぐれも過去の成功話だけは慎むことだ。

上司や先輩が自慢話を始めたら「そうだったのですか。すごいですね」くらいの相槌《あいづち》を打って、聞き流してしまうにかぎる。

　一流の仕事を成し遂げた人たちの自伝や回想録を読むことがあるが、いちばん面白くて役に立つのは、成功話や自慢話ではなく失敗談である。新聞や雑誌に掲載されている「私の履歴書」的な記事なども同様だ。

「この人でさえ、こんな失敗を経験しているのか」「こんな挫折の時期があって、大仕事をやり遂げたのか」と読み手の気持ちを惹きつける。

　昔の自慢話で悦に入っている顔を見て「ステキ！」などという人間はどこにもいない。心すべきことだ。

陰口はみっともない

自分でバリアをつくってはいけない

居酒屋などでよく見かける光景だが、会社勤めの二十代くらいの男性が、同僚と一緒に会社の上司や先輩の批判をしている場面に遭遇する。

「陰口は、同僚相手にはいわないこと。会社と関係ないごく親しい友人との楽しみに取っておきなさい」

私はそう述べてきた。もし、どうしても納得できないことがあるならば、当の本人に直接いうこと。陰では何とでもいえる。それに陰口は、事態を改善するには何の役にも立たない。仕事がイヤになってしまうのが関の山だ。

それに、会社の同僚との酒席は楽しい会話だけでいい。陰口は結局、酒をまずくするだけだ。とはいっても、陰口や悪口をいわない人間は珍しい。ところが、世の中にはこんな人間もいる。

作家の伊集院静さんは『私たちはなぜ松井秀喜が好きなのか』と題するエッセイの中で、プロ野球の松井秀喜氏を例に挙げて紹介していた。

「……礼儀正しいのに驚いた。騎手の武豊以来の礼節を持ち合わせた若者だった。中学生以来、人前で人の悪口を一度も口にしないというあり得ないエピソードについて訊くと、これも真顔で、ありません、ときっぱりと答えた。大丈夫なのか、この若者はと一瞬思ったが、その表情に私が描いていたプロ野球選手のイメージが一変した」（『文藝春秋』二〇一二年七月号）

ある雑誌社がインタビューの企画を松井氏に持ちかけたところ、彼は伊集院氏と話ができるならと答えた。そして実現した対談の席でのエピソードである。

松井氏を見習えとはいわないが、陰口好きの男は「みっともない」のひと言に尽きる。とくに、会社の上司や先輩についての陰口、批判は慎んだほうがいい。

なぜなら、経験の浅い二十代では、会社の先輩や上司の本当の能力、部下に対する配慮など、彼らの真の姿がまだまだわかっていないからだ。「何をいうか、若造が……」と私なら怒鳴っているところだ。

いかに酒席であっても、軽率に人を判断したり、批判したりすることは厳に慎むべし。

ひいては、先輩や上司の長所、見習うべき点を見逃すことになる。

人間の言葉というのは不思議なもので、心底そう思っていないことでも、いったん自分の口から出てしまうと独り歩きしてしまう。自分の判断や主張の足かせとなることもある。簡単に「前言撤回」とはいかないのだ。いったん口にした言葉はもう取り返しがつかない。

先輩や上司の本質を、見かけや断片的な印象だけで判断して、批判したり、陰口を叩いたりしていると後悔することがある。とりあえず、評価を保留するという賢明さを持つべきだ。

脚本家、映画監督でもある荒井晴彦さんが興味深い話を紹介している。

四十年以上も前のことだ。当時、純文学に傾倒していた荒井さんに、日活ロマンポルノの脚本の仕事の依頼がくる。そこで荒井さんは、仕事を受ける以上は純文学以外のものを読まなければと考えた。

監督は日活ロマンポルノの作品を中心にメガホンを取る神代《くましろ》辰巳さんである。だが、荒井さんは戸惑った。原作は中上健次さんの『赫髪』だった。

「聞いた時は『え?』と驚きました。ロマンポルノで純文学をやるなんて聞いたことがなかった。実は僕は元々文学青年でした。読む雑誌は『文学界』『群像』『新潮』です。しかし先輩脚本家の家に行くと、ハヤカワと創元ばかりで純文学の本など一冊もない。

これがプロの脚本家なんだと『オール讀物』『小説現代』『小説新潮』を読み始めたりしました。ところが、神代さんの家にお邪魔したら、本棚は純文学ばかり。ああ、自分の好きなことをやればいいんだと気づきました」(朝日新聞　二〇二二年五月二十二日付)

他人がやっていることを表面からちょっと見ただけでは、その人がどんな知識を持ち、どんなことを考えてやっているかはわからない……。荒井さんが紹介しているエピソードは、そのことを物語っている。

もし「日活ロマンポルノと純文学は相容れないものだ」と即断していたら、名作『赫い髪の女』は生まれなかったし、その後、名脚本と称賛された『遠雷』や『Wの悲劇』といった荒井さんの作品も生まれなかったかもしれない。

記事を読みながら、私はそんなことを考えた。

勝手に抱いたイメージや一時の感情だけで、「嫌いだ」「自分とは違う」「一緒にやるのは無理だ」などと簡単にバリアを築いてはいけないということ。仕事でもプライベートでも、人間関係を考えるとき、軽率なバリアづくりは邪魔になる。

口から出まかせの陰口や思慮の浅い批判は、このバリアをつくることになってしまう。

このバリアは自分を守るものではなく、自分の可能性を閉じ込めるものだと心得ておいたほうがいい。

何度もいうようだが、一面的な部分だけを見て、好きとか嫌いとかを軽率にいうべきではないのだ。まだまだ若いうちは人間がわからないのである。

何であれ「いったんは判断を保留する」という習慣を身につけること。そうすれば、人間関係の幅が広がるし、自分自身の可能性も開けてくる。

「ならぬことはならぬ」

恥ずかしい人間になっていないか

北海道・札幌の地下鉄や近郊の電車では、混んでいようが空いていようが、優先席に座る若い人はいないという。札幌出身の若い知人も否定しなかった。残念ながら私は目にしたことはないのだが、それが事実なら北海道の若者は偉い。

「おじいちゃまたちは、座って！　私たちはいいから」

以前、遊びに来た孫娘二人を連れて出かけたときのこと。自宅の最寄り駅から電車に乗り込むと、上の孫娘がそんなことをいった。下の孫娘もニコニコしながら姉に従う。私は彼女たちを育てた自分の娘のことを見直した。

「子どもは元気なのだから、電車の中では立っていなさい」。そういう育て方をしたのだろう。

同じ子どもでも、乗り込んでくるやいなや、信じられない素早さで目ざとく空席を見つけ駆け込んできて座る子どももいる。驚くべきことに、その後を追うようにバカ親が続き、「席をせしめた子ども」によくやったとばかりに満面の笑みで応える。

そんな風景を目にしたことも、一度や二度ではない。「恥ずかしい子ども」には必ず「恥ずかしい親」がいる。親バカかもしれないが、私は子どもをそんなふうに育てた自分の娘を誇りに思う。バカ親と親バカは違うのだ。

私はほぼ毎日、電車通勤をしている。ふつうは午前十時過ぎに電車に乗るから、ラッシュのピークは過ぎていて空席はまばらだ。二十分程度の乗車だが、さすがに席が空いていれば座りたい。

だが、私はきれいに一人分以上のスペースが空いていないかぎり座席には向かわない。なかには乗ってきた私を認めて、微妙に空いたスペースを詰め、目で「どうぞ」とすすめてくれる人もいる。そんなときは、私も「どうも」と好意に甘えることもある。始発駅から乗って席を譲られたときは、「ありがとう。でもここは始発駅ですから、座りたければ一台待ちます」とはっきりいう。

車内では、実に不愉快になる風景が目に入ってくることもある。少し席を詰めれば、前に立っている人があと二人は座れそうなスペースをわがもの顔で独占している人、当たり前のように優先席に座っている二十代、三十代の男性。空いたスペースにバッグを置いてメイクに余念のない二十代女性、コンビニか駅の売店で買ってきたと思われるおにぎりやパンをむさぼる若い男女……。

彼らに「恥ずかしい」という感情はないのだろうか。

●こっちだって疲れている

●自分は先に乗っていたのだ

●年配者に席を譲るのは義務ではない

●詰めてほしけりゃ、そっちから頼めばいい

●気がつかないことにしよう

●お化粧しようが、モノを食べようが自由でしょ

●私は年配者が乗ってくると、魔法のように突然睡魔が襲う病気なんです（早く病院に行きなさい！）

彼らの心理は、まあ、こんなところだろう。「恥も外聞もない」を絵に描いたようである。こういう人間は、何も電車の中だけで恥ずかしい姿をしているわけではない。仕事でも、私生活でも、二十四時間、いつも「恥ずかしい人間」なのである。

何を恥とするかは人それぞれだから、若さゆえの思い切った挑戦による恥などは大いにかきなさい、といいたい。だが、右記の性根の持ち主には、理屈もモラルも通じない。だから、これ以上いうことはない。だが、もし、いささかでも恥の意識が残っているなら、以下の言葉を進呈しよう。

一、年長者の言うことに背いてはなりませぬ
二、年長者には御辞儀をしなければなりませぬ
三、虚言をいふ事はなりませぬ
四、卑怯な振舞をしてはなりませぬ
五、弱い者をいぢめてはなりませぬ
六、戸外で物を食べてはなりませぬ
七、戸外で婦人と言葉を交えてはなりませぬ
　ならぬことはならぬものです。

これは「什《じゅう》の掟」というものである。藤原正彦氏のベストセラー『国家の品格』（新潮新書）でも取り上げられたから、ご存じの人も多いだろう。幕末に最後まで官軍と戦った会津藩。非業の最期を遂げた白虎隊が有名だが、その会津藩には藩士の子どもたちを教育す

る「什」と呼ばれた組織があった。「什の掟」は、そこに属する子どもたちに、生きる心構えとして定め、教えたものである。

最後の七番目の項目だけは私にも守れないが、残りの六つは現代でも立派に通用する。世の中には理屈以前に「ならぬこと」がある。これがわからないような人間であってはならないということだ。

姑息な弁解をしない

「でも」や「だって」で謝罪するな

最近は自分に非があるにもかかわらず、それを率直に認めて、きちんと謝罪できない人間が増えているようだ。しかるべき年齢で社会的地位の高い人でも、いわゆる往生際の悪い人間がいる。かつては女性専門だった「でも」「だって」の言い訳が、男女も年齢も問わず、世の中に蔓延《まんえん》している。

「謝り方、叱られ方のうまい人間は、魅力的で仕事ができる」

これは私の持論だが、とにかく、間違いなく自分に落ち度があったときは、いい謝り方、いい叱られ方をすること。それを若いうちに習慣として身につけておいたほうがいい。

では、いい謝り方、いい叱られ方とは何だろうか。

●弁解しない

●感情的にならない

●相手に問われたときだけ、経緯をわかりやすく説明する

ひと言でいえば「首を洗って、沙汰を待つ」姿勢をきちんと持てるかどうかである。いい謝罪ができる人は「自分の黒」を、決して白や灰色に見せようとはしない。「でも」「だって」は相手から見ると、謝るどころか、居直っているとしか思えないのだ。これは逆効果である。

たとえば、デートで彼女が遅刻してきたときに、

「遅い！」

「だって、電車が遅れて……でも、混んでたからメールもできなかったの」

と言い訳されるのと、

「遅い！」

「ごめん、ホントにごめんなさい。電車が遅れて混んでたからメールもできなかったの」

と謝られるのと、あなたならどちらがいいかということだ。

極端にいえば、「今日、天気が悪いのも自分のせいです」くらいの気持ちで謝罪の席に臨んだほうがいい。そうすれば、不思議なことに相手の気持ちは和らいでくる。人間の感情とはそういうものだ。

さらに、感情的にならず冷静に謝罪すること。感情が高ぶっていては、場合によってはよけいな言葉が飛び出して「心ならずも謝っている」ように思われかねない。

そして、相手に求められないかぎりは、失敗や過ちに至った経過をペラペラと話さないこと。まず、結果に対する謝罪をする。失敗に至った経緯は二の次だ。

「なぜそうなったのか、説明しなさい」

この言葉を待ってから、事情を話せばいい。

弁解はいっさいせず、叱責をすべて受け入れる覚悟で頭を下げることだ。Ａは間違っていたけど、Ｂは正しいなどと面倒くさいことはいわない。叱責するのも同情するのも相手の役割だと心得て、自分からそれをやってはいけない。

世の中、世知辛《せちがら》くなったといっても、傷口に塩を塗りつけるような人間はそう多くはない。きちんと謝罪できる人間に対しては、逆に相手が救いの手を差し伸べてくれることもある。

「だって、君はよかれと思って、その方法を選んだのだろう？」

「でも、そのケースでは、僕も君と同じ選択をしたかもしれない」

弁解とは相手が用意してくれるもの。「だって」や「でも」は相手がいう言葉だ。

正しい謝罪は、相手の寛容さを引き出すこともある。なかには、そういう謝罪に対しても、さらに鞭打《むちう》つような人間もいなくはないが、それはそれ。自分の不運と耐えるしかない。もちろん逆ギレは論外である。

人は誰でも過ちを犯す。だが、自分の非を認めて正しく謝罪することのできる人間は、それをきっかけに成長するし、いい人脈が広がるきっかけにもなる。

私も、長年にわたってつきあっている人間とは、一度や二度は謝ったり、謝られたりという場面があったと思う。だが、原因となった行き違いをきちんと謝罪で解消したからこそ、現在のいい関係があるのだと思っている。

それればかりではない。初対面であったにもかかわらず、潔い叱られ方、いい謝り方に感心して、親しい間柄になった人間もいる。

「雨降って地固まる」ということわざ通り、雨を謝罪に、地を人間関係にたとえれば、いい謝罪は、いい人間関係を生み出すこともあるということだ。

ときには凛《りん》として主張する

「謝るな」といわれたダルビッシュ

前項で、自分に落ち度があった場合は、すみやかにきちんと謝罪すべきだと述べたが、こちらにも正当な理由がある場合には、その対応は考えなければならない。

面白い出来事があった。

米メジャーリーグのレンジャーズで、ダルビッシュ有投手が大活躍したときのこと。そのダルビッシュ投手が、ある年の春のマリナーズ戦では投球に生彩を欠き、四回でマウンドを降りた。ちなみに、マリナーズはヤンキースに移籍したイチロー選手が所属していたチーム。そのイチロー選手に痛打されての敗戦である。

「申し訳ない気持ちだ」

試合後のインタビューで、ダルビッシュ投手はこう謝罪した。降板後のベンチでも、ワシントン監督に同じく謝罪したという。しかし、指揮官は反省しきりの彼にいった。

「野球ではこういうときもある。もう絶対に謝るな」

ささいな出来事なのだが、インターネットでこの記事を見て「なるほど、やはり日本とは違うな」と思った。これが日本の野球だったら、どうだろうか。

「気にするな、次はがんばれ」

「おまえだけが悪いわけじゃない」

そう慰めるのではないだろうか。わずかな違いのようだが、この差は大きい。なぜなら、日本では「謝罪を受け入れたうえで」励ますのだが、アメリカでは「謝罪そのものを拒否して」励ましているのである。「謝るな」というのだ。

これは、罪という概念を持つキリスト教が背景にあり、さらに契約というシステムが徹底しているアメリカと、そうではない日本との違いのようにも思える。

「おまえはまったく悪くない。『罪』なんか犯していない」

指揮官であるワシントン監督は、アメリカ社会で罪を認めることの重さを念頭に、そう話しているようだった。

ダルビッシュ投手の流儀は、他人への思いやりに満ちている日本の土壌、日本人のモラルからくるものだろう。このことは、決して悪いことではない。日常生活において日本流の謝罪は、人間関係の潤滑油として大いに役立つ場合も少なくない。

だが、簡単に「ごめんなさい」といってはいけない場合もある。とくにビジネスの場では、軽く口にした謝罪が命取りになる。「アイ・アム・ソーリー」は禁句なのだ。アメリカでは交通事故でもこれをいったほうが負ける。

世の中には「クレーマー」という人種がいる。とにかく、ささいなことで役所やテレビ局、メーカーなどに電話をかけ、いちゃもんをつけるのが好きな人たちだ。納税者、視聴者、消費者という立場を隠れ蓑に無理難題を突きつける。

ディーラーに勤める営業マンが、言葉を濁しながらため息まじりにこう話した。

「明らかに納車した後で、自分でぶつけてつけた傷のはずなのに、買ったときからついていたと言い張るんですよ。そして、最後には『誠意を見せろ』。年配のお客さんですから、ちょっと壁にかすったのを、気づかなかったんだと思うんですけどね……」

私自身も、この営業マンからクルマを購入したことがある。話が面白いから、事務所に立ち寄ったときなどは雑談に興じる。彼がいうように、まれにクレーマーもどきのそんな客もいるらしい。だが、彼は絶対に謝罪はしないという。

「いちおうお客さんですから、低姿勢には出ますが、『申し訳ありません』とは口が裂けてもいいません。なかにはとんでもない要求をしてくる人もいますから……」

　納車の際には、クルマの外はもちろん、内部のちょっとした汚れまでチェックしている から、傷などあるはずがない。仕方なく無償で修理し、エンジンオイルをサービスにつけてクルマを納めたという。どちらの言い分が正しいかは判断しかねるが、客との窓口という仕事は大変なのだ。

　この話などはささいなことかもしれないが、仕事では、簡単に謝ってはいけない場面がある。もし、この営業マンが簡単に「申し訳ございません」と謝ってしまったら、その謝罪を楯に「非を認めたじゃないか」と「新車と交換しろ」とか「相応の金銭を用意しろ」などタチの悪い要求をしてこないともかぎらない。そうなれば、会社に大きな損害を与えてしまうことにもなりかねないのだ。

　謝罪の必要のない場面では、毅然《きぜん》として自分の正当性を主張する。これができるタフな人間でありたいものだ。ダルビッシュ投手のエピソードは、アメリカと日本の文化の違いを象徴しているものだから、彼の態度がいけないということではない。

　ともかく社会人たるもの、謝るときと謝ってはいけないとき、タフな精神で主張するときなど、ＴＰＯできちんと使い分けなければならない。

「悲しい人間」になるな

自尊心を失くしてはいけない

小さな事件でも、週刊誌やテレビが取り上げると、あっという間にハチの巣をつついた騒ぎになることがある。その事件が不祥事であったり、スキャンダルの場合はもちろん、主役が有名芸能人であったりすると、またたく間に大騒動までに発展する。そして多くの人が、事の重大性や真偽のほどはそっちのけで、メディアの論調に加担する。つまり「付和雷同」である。

以前、お笑い芸人の親族が生活保護を受給していたことが問題視され、その芸人が謝罪会見の場に引っ張り出されたことがあった。

「そんなに大騒ぎすることか?」

そのお笑い芸人が、これまで見せたこともないような神妙な面持ちで謝罪する姿を見て、私はそう思った。

世の常識からすれば、売れっ子となって収入が増えたのに家族が生活保護をもらっているのはけしからん――ということだろう。たしかに褒められたことではない。

この芸人が、家族を援助する経済力が十分にありながら、もらえるものならもらっておけという気持ちでいたとしたら、私なら「けしからん」ではなく、「あなたには自尊心というものはないのか」と聞いてみたい。それだけである。

この事件に付和雷同するメディアや世論の根底には「ずるい」という思いのほかに、どこかに「やれるものなら自分も」という感情が見え隠れしているように思えてならないのだ。そういう集団の一員に私は加わりたくない。

いつの世にも、自尊心を失くしている人間はいるものだ。そういう人間に対しては、悲しみ、蔑《さげす》み、そして無視するだけだ。

生活保護というのは、自身の病気、家族の介護などで十分な生活費を得ることができず、それを必要としている人を救うための制度である。だが、一部の心ない人間の「合法的利用」が話題になれば、その制度を本当に必要とし、救われている人までもが肩身の狭い思いをしなければならなくなる。利用する必要がないにもかかわらず、手を出してしまう人間は、そういう想像力のない悲しい人間である。

働けるのに働かないで生活保護を受ける者もいるという。そういう卑しい人間になってはいけない。

以前、この生活保護がらみの新聞報道で、すがすがしい人の話を知った。拙書『つまらない大人にはなるな！』（ＰＨＰ研究所）のなかで紹介している。タイトルは「『肩の荷が下りました』　元生活保護受給者が１００万円恩返し」（産経新聞　二〇〇八年五月三十日付）。要旨はこうだ。

茨城県取手市役所に一本の電話が入った。

「その節はお世話になりました。いまは年金をいただき、税金を納める生活ができています。ついては、市に恩返しがしたい」

翌日、市内に住む七十歳代の女性が貯金通帳を持って市役所を訪れる。その女性は母親と二人暮らしだった二十年前、自身の病気もあって生活保護を受けた。そして約二年後、仕事に就き生活保護を辞退した。その後、生活保護を受けたことへの恩を忘れず、コツコツと貯めた貯金通帳を持って市役所を訪れ、百万円の寄付を申し出たというのである。

「岡田さんに見てもらいたい」

岡田さんとは、生活苦に陥っていたころ、親身になって相談に乗ってくれたケースワーカーの人の名前である。この女性をこうした行動に駆り立てたのは、窮地を救ってもらった恩に報いることと、己の自尊心だろう。その自尊心を失くしていない自分の姿を「岡田さん」に見てもらいたかったのだ。見事な生き方ではないか。

生活保護費は、かりに受給したとしても返済の義務が生じるものではない。だが、この女性は「借りたものは返す」という彼女が決めたルールに則《のっと》って行動したのだ。

彼女が寄付したお金は、市の福祉活動の一環として車椅子の購入に充《あ》てられた。

「これで肩の荷が下りました。ありがとうございました」

彼女は市役所の職員に、そんな言葉を残したという。

生活保護を受けることを、ただ「儲かった」と考えるか、それとも「感謝」と考えるかは、人それぞれだろう。だが、一ついえることは、ただ儲かったと感じる人は「悲しい人」であり、感謝をして、肩の荷と感じる人は自尊心という尺度を持っている人間だということである。「悲しい人」に目くじらを立てたところで、何の意味もない。

こんな大人になってはいけない。自尊心を失くした人生など、私はご免である。

「己の力で、己の運命を開拓する者は安心するところが多い。失敗しても失望せぬ。また奮い起こることができる」（三宅雪嶺／評論家）

本書は二〇一二年九月に㈱ヒカルランドより刊行された
『20代から伸びる人の習慣力』を大幅に加筆し改題したものです。

20代からの働き方と覚悟

著　者　川北義則
発行者　真船美保子
発行所　KK ロングセラーズ
東京都新宿区高田馬場 2-1-2　〒 169-0075
電話（03）3204-5161（代）　振替 00120-7-145737
http://www.kklong.co.jp

印　刷　太陽印刷工業（株）　製　本　（株）難波製本

ISBN978-4-8454-2344-6　C0030　Printed In Japan 2015